수화 아카데미
(기초편)

수화 아카데미 (기초편)

지은이 | 모상근
그린이 | 김선정
펴낸이 | 원성삼
펴낸곳 | 예영커뮤니케이션
초판 1쇄 발행 | 2003년 3월 28일
개정 10쇄 발행 | 2024년 12월 31일
등록일 | 1992년 3월 1일 제2-1349호
주소 | 03128 서울시 종로구 대학로3길 29, 313호 (연지동, 한국교회100주년기념관)
전화 | (02) 766-8931
팩스 | (02) 766-8934
이메일 | jeyoung_shadow@naver.com
ISBN 978-89-8350-735-8 (03370)

본 저작물은 저작권법에 의하여 한국 내에서 보호를 받는 저작물이므로
무단 전재와 무단 복제를 금합니다.

값 20,000원

모든 인간은 하나님의 형상을 닮은 존귀한 존재입니다. 사람은 인종, 민족, 피부색, 문화, 언어에 관계없이 모두 다 존귀합니다. 예영커뮤니케이션은 이러한 정신에 근거해 모든 인간이 존귀한 삶을 사는 데 필요한 지식과 문화를 예수 그리스도의 사랑으로 보급함으로써 우리가 속한 사회에 기여하고자 합니다.

수화 아카데미
(기초편)

모상근 엮음 | 김선정 그림

예영커뮤니케이션

책을 펴내며

'하나님께서 왜 제게 수화를 가르치셨을까?' 궁금해하며 기도하던 때가 있었습니다. 저는 늘 무슨 일을 하든지 목적이 뚜렷해야 했습니다. 그럼에도 불구하고 '나는 어떤 목적으로 수화를 배우고 있는가'에 대한 명확한 답을 갖지 못하고 수화를 배웠습니다. 그만큼 수화를 열심히 공부하지 않았다는 얘기일지도 모르겠습니다.

하나님의 인도하심으로 평안교회 에바다부에 사역하게 된 지 벌써 4년째가 되었습니다. 평안교회에 에바다부(청각장애인부)가 생길 수 있도록 허락해 주신 이성택 원로목사님과 특별한 애정과 사랑으로 관심을 주고 계시는 이희윤 담임목사님께 감사드립니다. 에바다부를 위해 늘 기도하시는 황보 권사님과 옆에서 심방으로 수고하는 윤혜련 전도사님께도 감사를 드립니다.

하나님의 섭리로 대학 강단에서 수화를 가르친 것이 벌써 4년째가 되었습니다. 여러 교재들을 사용해 봤지만 학생들이 버거워하는 모습들을 볼 수 있었습니다. 가능하면 처음 수화를 접하는 사람들이 친근감을 가질 수 있고 명확해야 하며, 쉽게 만들어야 한다는 마음으로 책을 준비했습니다.

책이 나오기까지 수고해 주시고 기도해 주신 분들에 대한 고마움을 전합니다. 먼저 책이 출판될 수 있도록 허락해 주신 예영커뮤니케이션과 사장님께 감사드립니다. 그림 작업 때문에 두 달이 넘도록 밤을 새워가며 수고해 주신 김선정 선생님과 동료분들께 감사드립니다. 또한 바쁜 일정 가운데서도 그래픽 작업을 도와 준 벗 한지수님과 밤샘 작업을 마다 않고 도와 준 한명수님께 감사드립니다.

저를 위해서 기도하시는 안양과 서울 지역의 많은 분들과 물심 양면으로 지원 사격을 해주시는 양가 부모님과 형님, 형수님께 감사를 드립니다.

책을 펴내는 동안 피곤한 모습으로 좋은 남편, 좋은 아빠 역할을 못했지만 너그러운 마음으로 이해하고 기도해 준 아내와 사랑하는 딸 예손이에게 고마움을 전합니다.

2003년 3월, 이른 새벽 순화동 교역자실에서
모상근

차례

책을 펴내며 · 4
수화를 배우기까지 · 6
책을 보실 때 · 8
수화에 대한 선입견 깨뜨리기 · 9
국문지화 · 10
숫자지화 · 11
영문문지화 · 12
수화를 배웁시다 · 13
수화단어사전 · 29
참고문헌 · 301

수화를 배우기까지

모태신앙이었던 저는 어렸을 때 교회에서 몇 번 수화찬양을 본 적이 있었습니다. 그러나 아무런 느낌도 없었고 그저 "예쁜 율동"에 불과했습니다. 그러다가 수화에 대한 관심을 처음 가지게 된 것은 대학재수생 시절이었습니다. 입시학원에서 함께 공부하던 친구가 먼저 대학에 들어가게 되었습니다. 나중에 알게 된 일이었는데 그 친구는 수화동아리에 가입했었습니다. 아마도 제 기억에 세 번 정도 그 친구를 만난 것으로 기억됩니다. 그 이후에는 소식이 끊겼습니다. 그런데 제게 남은 것이 있었습니다. 수화동아리에 드나들면서 어깨너머로 배운 지화 (指話)가 제 손에 남아있었습니다.

그때부터는 "예쁜 율동"이 소리로 인식되기 시작했습니다. 길거리나 전철에서 청각장애인을 보면 가슴이 두근거렸습니다. 몇 달 후, 수원역 광장을 지나게 되었는데 우연히 수화공연을 보게 되었습니다. 그런데 신기하게도 소리가 들리는 것이었습니다. 음악소리 말고 "예쁜 율동"소리 말입니다. 그 때, 전 결심했습니다.

'내가 대학에 들어가면 수화동아리에 꼭 들어가야겠다.'

다음해 저는 대학에 들어갔습니다. 문제는 학교에 수화동아리가 없었습니다. 어쩔 수 없이 혼자서 수화책을 구입해서 독학을 시작했습니다. 그러나 몇 주가 지나자 지쳐버렸습니다. 군에 갈 때도 수화책은 제 관물함까지 따라왔더군요. 복학한 이후에 수화를 배우려고 그렇게 찾았는데도 없더라구요. 지금 생각하면 이렇게 많은 수화교실이 세상천지에 가득한데 왜 찾지 못했을까 웃음이 절로 나옵니다.

그러다가 안산에 있는 어느 학교에서 "버팀목"이라는 동아리에 임시로 만들어진 수화교실을 알게 되었고, 그곳에서 기초반을 배울 수 있었습니다. 그 당시 저는 수원에 살고 있었고, 학교는 안양, 그리고 수화는 안산에서 배웠습니다. 학업 때문에 시간이 부족하고 친구들과 어울리기도 힘든 상황이었지만 저는 수화가 더 좋았습니다. 학교수업이 끝나면 친구들과 어울리고도 싶었지만 저는 수화가 좋아서 안산으로 갔습니다. 그리고 안양에도 수화를 가르치는 곳이 있다는 것을 알게 되었고, 안양농아인교회에서 박광원 목사님으로부터 중급과정을 배웠습니다.

이듬해, 제가 다니던 학교에 수화동아리 "예손"(http://yeson.net)을 만들었습니다. "청각장애인을 돕는 예쁜 손"이란 뜻입니다. 그래서 "예손"이라는 수화 동아리가 만들어졌지요.

대학을 졸업하고 총신대학교 신학대학원에 입학을 했습니다. 신학대학원에도 역시 수화동아리가 없었습니다. 저는 회원이 40~50명 정도되는 장애인 선교회에 가입했습니다. 지금 현재 부산 수영로 교회 장애인부를 사역하고 있는 정호나 목사님과 함께 장애인 선교회에서 수화를 가르치게 되었습니다. 그리고 그 이듬해에 정읍성광교회 농아부를 맡고 있는 유성렬 강도사님이 신입생으로 입학하게 되었습니다.

총신대학교 신학대학원에는 동계강좌라는 프로그램이 있습니다. 히브리어와 헬라어를 두 달 동안 공부하는 과정인데 유성렬 강도사님이 청각장애인이어서 공부할 수 있는 여건이 정말 어렵다는 것을 알게되었습니다. 당시 제가 교육전도사로 있던 동산제일교회 김영만 목사님께 이 문제를 상의 드렸고, 목사님의 배려로 수화통역을 감당할 수 있었습니다.

유성렬 강도사님이 신대원에 입학시험을 볼 때부터 통역했던 인연이 닿아서 제 마음이 쉽게 끌렸다고 생각했습니다. 청각장애인이었던 유성렬 강도사님과 이미 농아인교회를 4년째 담당하고 계셨던 정욱찬 전도사님(옥천 한빛농아인교회)도 기숙사를 함께 사용하게 되었습니다.

제 수화에 큰 영향을 주신 분들이 두 분이 더 있는데, 한 분은 김동환 목사님이고, 또 한 분은 이준우 목사님입니다. 김동환 목사님은 수화통역반에서 제 선생님이셨고, 이준우 목사님(나사렛 대학교 대학원 국제수화통역과 교수)은 워낙 바쁘신 분이라 직접 만났던 것은 몇 번뿐이었지만 『고급수화』라는 책으로 신대원에 다니는 3년 동안 저를 도와주셨습니다.

신대원 2학년 때, 평안교회 에바다부(청각장애인부)로 사역지를 옮기게 되었고 지금까지 4년째 사역을 감당하고 있습니다.

25년 전, 8살 꼬마가 목사가 되겠다고 하나님 앞에 서원하고 무조건 신학공부만 하면 된다고 생각했는데, 지금에 와서 뒤를 돌아보면 하나님께서 청각장애인을 위한 사역에 얼마나 철저하게 그리고 체계적으로 저를 훈련시키시고 인도하셨는지를 더욱 깊이 깨닫습니다.

2003년 3월
늦은 밤 하안동 자택에서

책을 보실 때

수화설명의 이해를 돕기 위해 손가락에 번호를 붙였습니다.
손가락 번호는 엄지손가락부터 1지, 2지, 3지, 4지, 5지입니다.

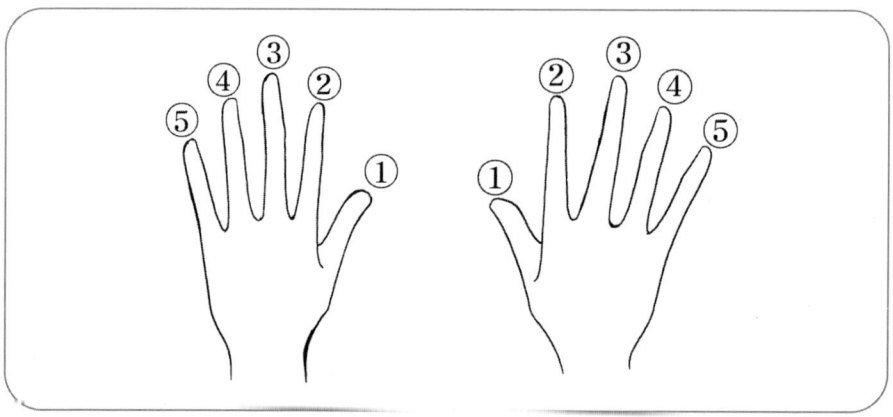

- 본 교재는 1과에서 15과까지 구성되어 있습니다.
- 수화 단어만 가나다순으로 색인이 필요없이 직접 찾아 볼 수 있도록 구성했습니다.
- 수화에 대한 설명만 보더라도 동작을 따라할 수 있어서 부득이한 경우 혼자서도 학습이 가능합니다.
- 만화로 수화동작을 표현했기 때문에 학생들에게 친숙함이 있습니다.
- 세심하고 정확한 작업으로 손모양이 정확하게 표현되었습니다.

수화에 대한 선입견 깨뜨리기

수화는 청각장애인의, 청각장애인에 의한, 청각장애인을 위한 언어다(?) 그렇지 않습니다. 수화는 온 인류의 언어입니다. 수화를 가장 먼저 사용한 사람은 누구일까요?

태초에 하나님이 천지를 창조하셨습니다. 구약성경에 나오는 아담은 인류의 시조(始祖)였기 때문에 수신호(手信號)를 가장 먼저 사용했습니다. 물론 나라마다 문화와 언어에 맞게 체계화(體系化)했던 사람들은 따로 있겠지만 수화는 청각장애인이나 건청인이나 구별없이 알고 있어야 하는 공통언어인 것입니다.

같은 문화권에 속한 사람들이 의사소통을 위한 언어가 있어야 서로 교류하고 대화함으로 정보를 교환하고 서로를 이해할 수 있습니다. 이제까지 청각장애인들만의 언어로 여겨졌던 수화, 이제는 우리 모두가 배워야 할 때입니다.

수화는 언어입니다.
모든 다른 언어와 마찬가지로 상대방에게 정확하게 전달되어야 언어로서의 가치가 극대화됩니다.
수화는 사랑의 언어입니다.
나의 화려한 표현보다 상대방이 어떻게 이해했는지가 더욱 중요합니다.
수화는 유연한 언어입니다.
다른 어떤 언어보다도 문장성분이나 품사의 범위를 쉽게 넘나듭니다.
수화는 시각적인 언어입니다.
다른 언어는 대부분 귀에 의존하지만 수화는 눈을 통해서 전달됩니다.
수화는 함축적인 언어입니다.
표정, 손짓, 몸짓 하나 하나가 백 마디 말보다 더욱 큰 의미를 나타내기도 합니다.
수화는 인내의 언어입니다.
참아야 하고, 또 참아야 할 때가 있습니다.

한글지화

자음

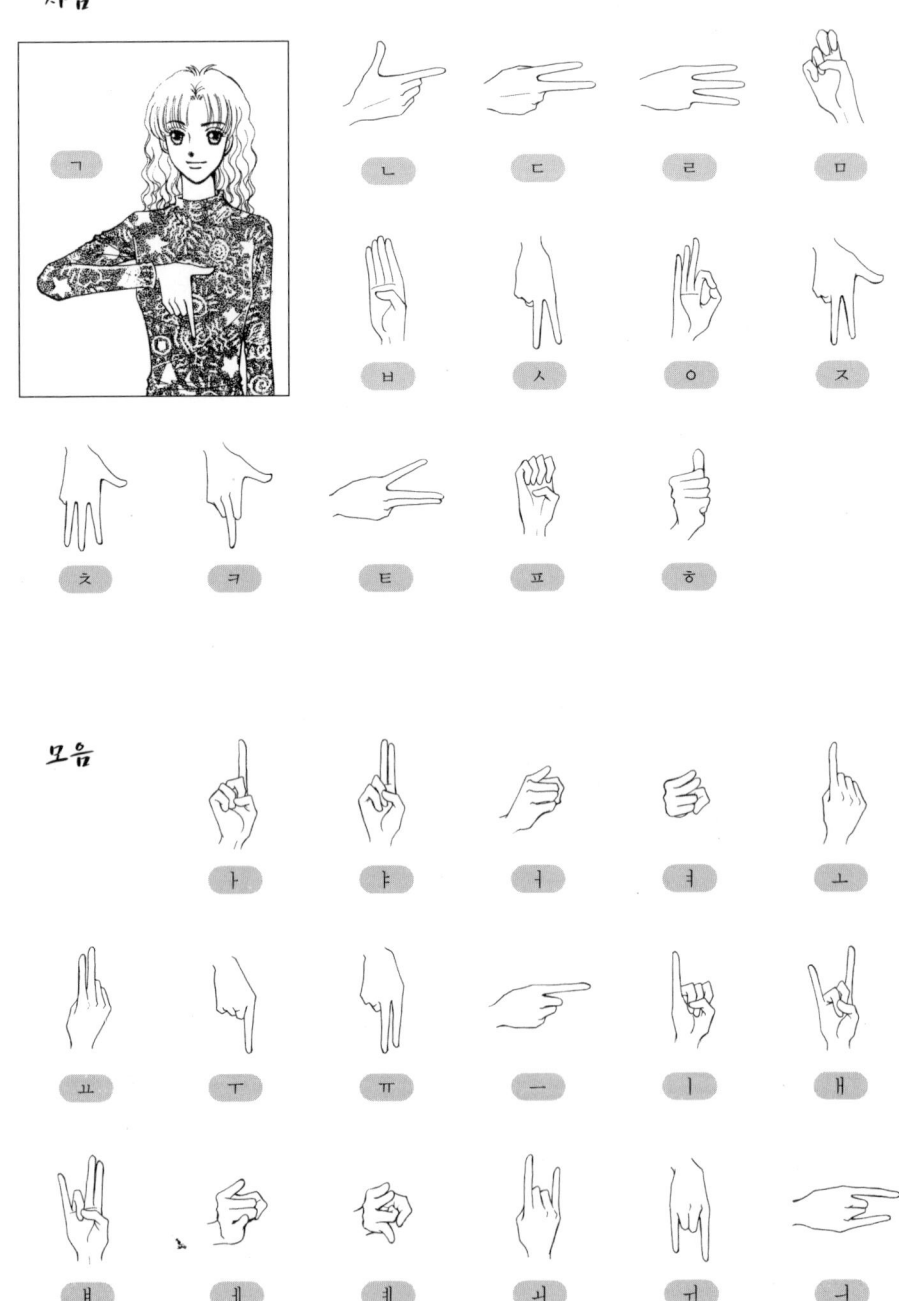

모음

숫자지화

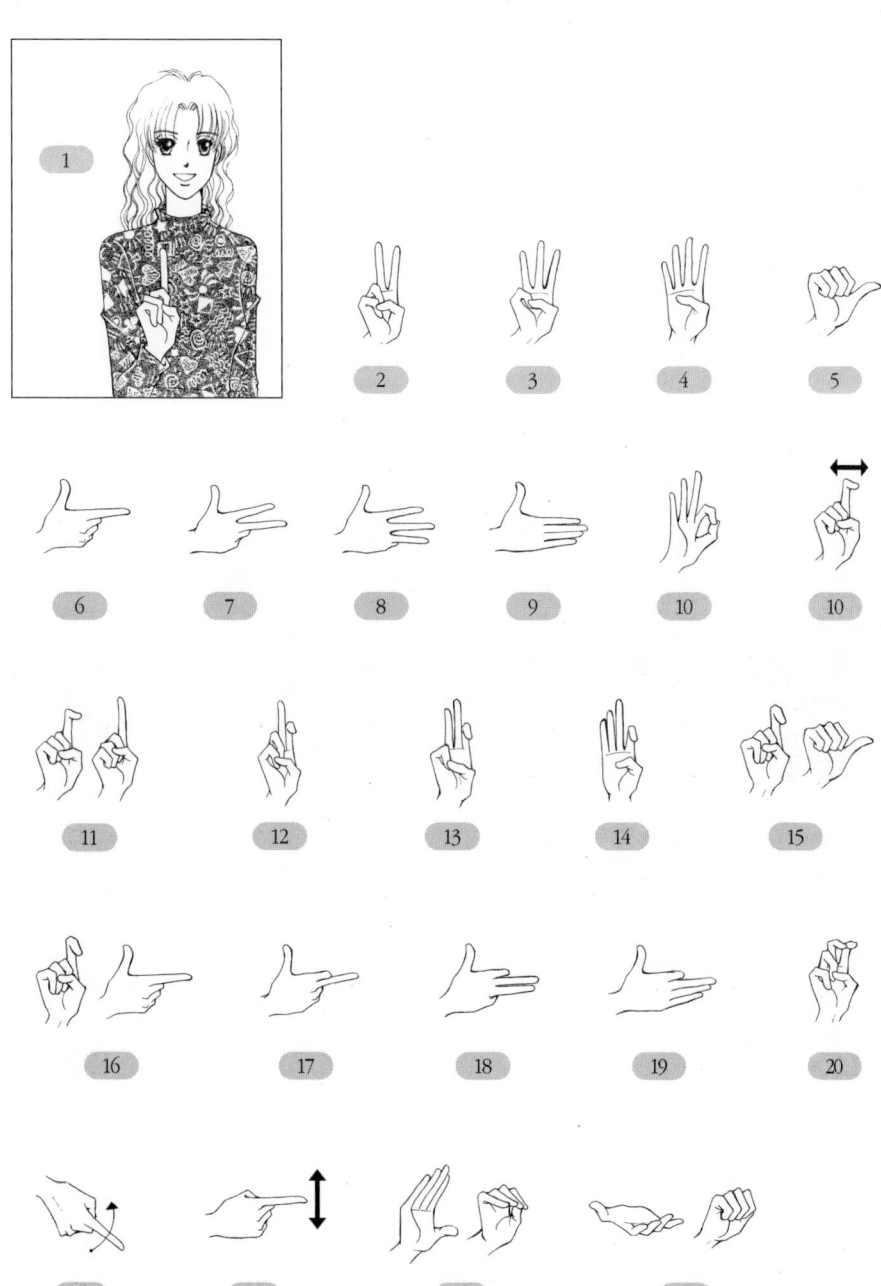

영문지화

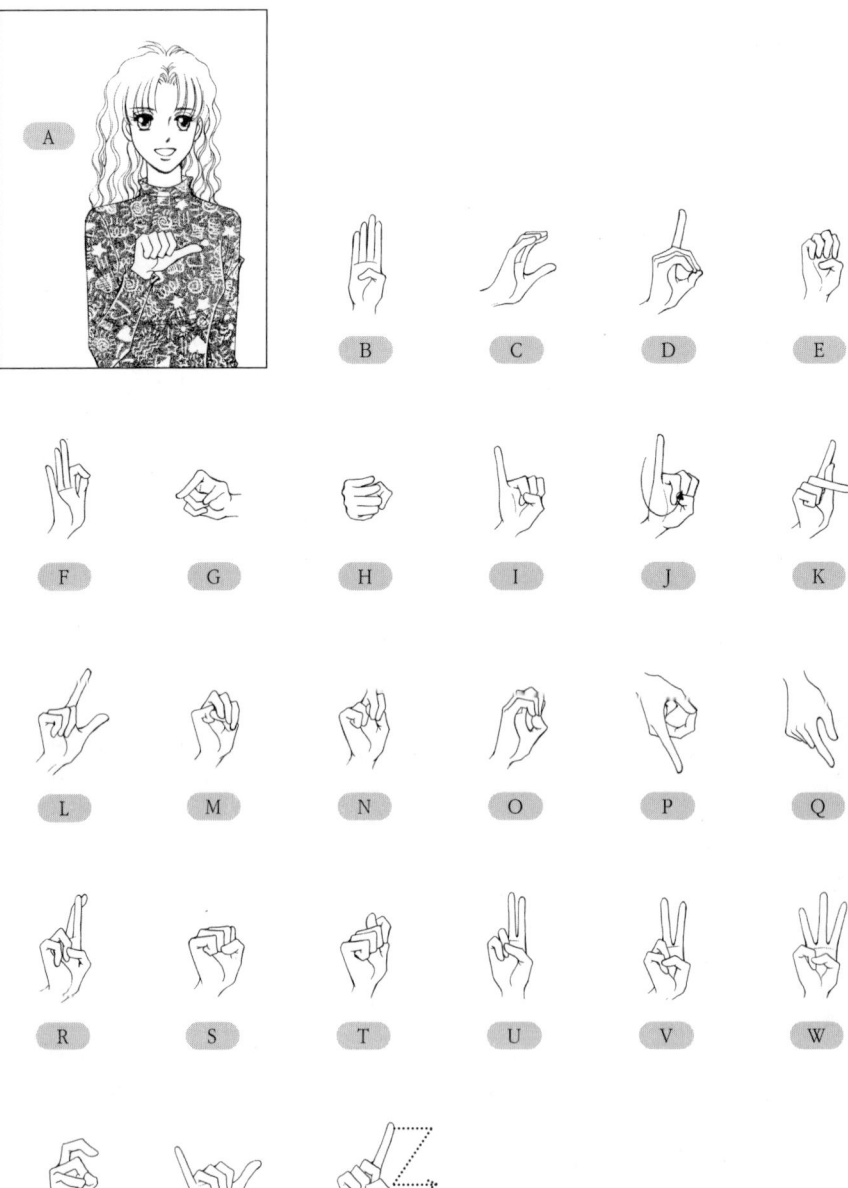

수화 아카데미
(기초편)

수화를 배웁시다

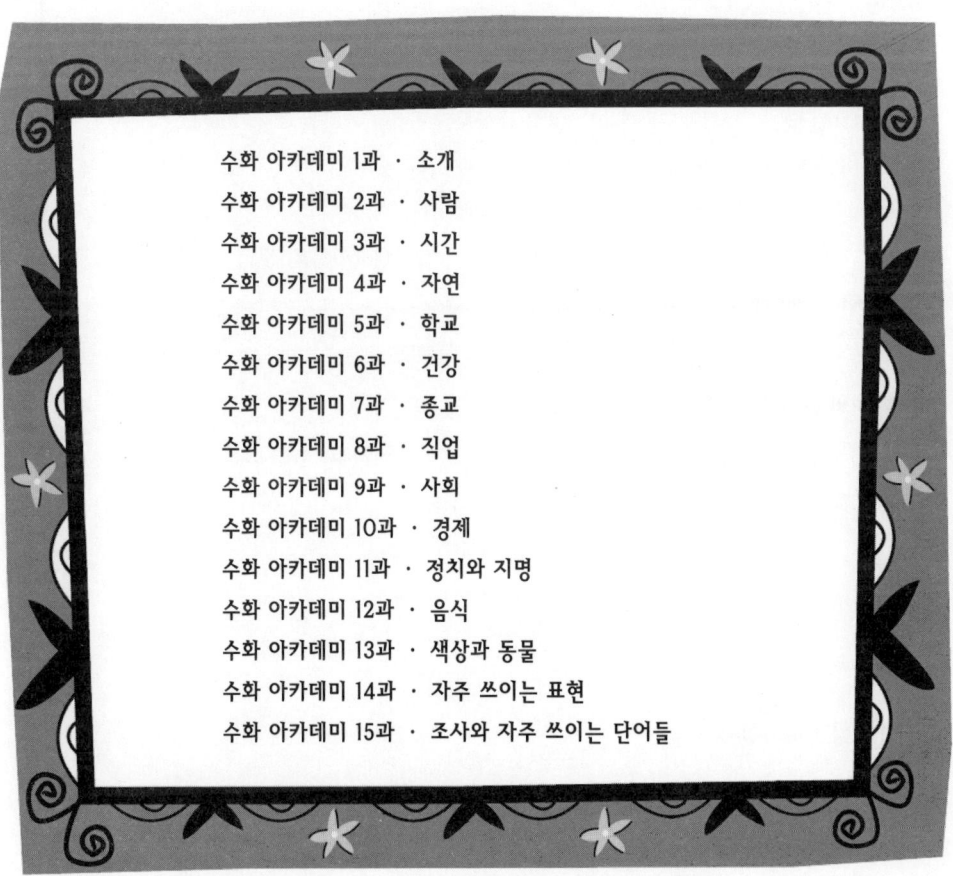

수화 아카데미 1과 · 소개
수화 아카데미 2과 · 사람
수화 아카데미 3과 · 시간
수화 아카데미 4과 · 자연
수화 아카데미 5과 · 학교
수화 아카데미 6과 · 건강
수화 아카데미 7과 · 종교
수화 아카데미 8과 · 직업
수화 아카데미 9과 · 사회
수화 아카데미 10과 · 경제
수화 아카데미 11과 · 정치와 지명
수화 아카데미 12과 · 음식
수화 아카데미 13과 · 색상과 동물
수화 아카데미 14과 · 자주 쓰이는 표현
수화 아카데미 15과 · 조사와 자주 쓰이는 단어들

제1과
소개

(1) 나	(11) 나이	(21) 기분	(31) 어색하다	(41) 예쁘다
(2) 너	(12) 건청인	(22) 좋다	(32) 다시	(42) 못생기다
(3) 우리	(13) 농아인	(23) 나쁘다	(33) 있다	(43) 깨끗하다
(4) 너희	(14) 장애인	(24) 싫다	(34) 없다	(44) 더럽다
(5) 모두	(15) 고아	(25) 반갑다	(35) 알다	(45) 감사합니다
(6) 이름	(16) 입니다	(26) 걱정	(36) 모르다	(46) 미안합니다
(7) 다음	(17) 입니까	(27) 우울하다	(37) 맞다	(47) 수고
(8) 홀로	(18) 안녕하세요	(28) 슬프다	(38) 틀리다	(48) 부탁
(9) 개인	(19) 만나다	(29) 원하다	(39) 예	(49) 괜찮습니다
(10) 단체	(20) 헤어지다	(30) 마음	(40) 아니오	(50) 하지마!

■ 위의 단어로 문장을 만들어 연습해보세요.

(1) 안녕하세요? 만나서 반갑습니다.

(2)

(3)

(4)

(5)

■ 중급반 따라잡기

(1) 청각장애인을 처음 만났을 경우, 이름과 나이 그리고 간단한 신상을 소개할 수 있도록 연습하세요.

(2) 단어를 보고 수화를 연상할 수 있어야 하고, 거꾸로 수화를 보면 단어를 연상할 수 있어야 합니다.

제2과
사람

(1) 남자	(11) 살다	(21) 할아버지	(31) 아주머니	(41) 늙다
(2) 여자	(12) 이웃	(22) 할머니	(32) 삼촌	(42) 노인
(3) 사람	(13) 아기	(23) 손자	(33) 이모	(43) 조상
(4) 사랑	(14) 낳다	(24) 손녀	(34) 장남	(44) 후손
(5) 미남	(15) 아직	(25) 가정	(35) 장녀	(45) 언제
(6) 미녀	(16) 주소	(26) 가족	(36) 막내	(46) 어디서
(7) 총각	(17) 축하	(27) 형제	(37) 어린이	(47) 누가
(8) 처녀	(18) 아버지	(28) 자매	(38) 꼬마	(48) 무엇을
(9) 애인	(19) 어머니	(29) 친척	(39) 젊다	(49) 어떻게
(10) 결혼	(20) 이혼	(30) 아저씨	(40) 청년	(50) 왜

■ 지금까지 배운 단어로 문장을 만들어 연습해보세요.

(1) 그 남자는 어디서 살고 있습니까?

(2)

(3)

(4)

(5)

■ 중급반 따라잡기

6하원칙을 이용하면 엄청나게 많은 문장들을 만들 수 있습니다.
다시말하면 6하원칙을 잘 이용하면 간단한 통역도 가능하다는 얘기가 됩니다.

제3과

시간

(1) 약속	(11) 현재	(21) 한 달	(31) 토요일	(41) 며칠
(2) 새벽	(12) 지금	(22) 일주일	(32) 일요일	(42) 동안
(3) 아침	(13) 과거	(23) 1시간	(33) 공휴일	(43) 부터
(4) 점심	(14) 미래	(24) 1분	(34) 1월	(44) 까지
(5) 저녁	(15) 요즘	(25) 1초	(35) 작년	(45) 처럼
(6) 하루	(16) 어제	(26) 월요일	(36) 내년	(46) 빨리
(7) 오전	(17) 오늘	(27) 화요일	(37) 전	(47) 천천히
(8) 오후	(18) 내일	(28) 수요일	(38) 후	(48) 매일
(9) 밤	(19) 옛날	(29) 목요일	(39) 안	(49) 가끔
(10) 낮	(20) 1년	(30) 금요일	(40) 밖	(50) 벌써

■ 지금까지 배운 단어로 문장을 만들어 연습해보세요.

(1) 나는 작년에 20살이었고, 1시간이 지나면 22살이 된다. 오늘은 무슨 날인가?

(2)

(3)

(4)

(5)

■ 중급반 따라잡기

시간 개념을 정확히 알고 있다는 것은 수화표현을 정확히 할 수 있다는 얘기와 일맥상통합니다. 청각장애인과의 대화에서는 시제표현이 정확하지 않을 수 있는데 이것을 적절하게 잘 표현하면 오해를 줄일 수 있습니다.

제4과

자연

(1) 동	(11) 여름	(21) 날씨	(31) 호수	(41) 잎
(2) 서	(12) 가을	(22) 안개	(32) 강	(42) 숲
(3) 남	(13) 겨울	(23) 물	(33) 바다	(43) 우산
(4) 북	(14) 해	(24) 비	(34) 밭	(44) 홍수
(5) 자연	(15) 달	(25) 불	(35) 논	(45) 가뭄
(6) 계속	(16) 별	(26) 눈	(36) 돌	(46) 온도
(7) 아마	(17) 구름	(27) 얼음	(37) 빛	(47) 일기예보
(8) 달력	(18) 하늘	(28) 무지개	(38) 번개	(48) 크다
(9) 계절	(19) 땅	(29) 산	(39) 꽃	(49) 작다
(10) 봄	(20) 공기	(30) 섬	(40) 나무	(50) 많다

■ 지금까지 배운 단어로 문장을 만들어 연습해보세요.

(1) 당신은 어느 계절을 좋아하십니까? → 계절+좋다+무엇?

(2)

(3)

(4)

(5)

■ 중급반 따라잡기

어순 도치의 개념을 알아차리기 시작해야 합니다. 시각적인 언어에서 어떻게 하면 전달력을 높일 수 있을까요? 함께 의견을 나누면서 결론을 도출해보세요.

제5과

학교

(1) 친구	(11) 학생	(21) 결석	(31) 과목	(41) 미술
(2) 교실	(12) 내용	(22) 방학	(32) 국어	(42) 체육
(3) 책상	(13) 선배	(23) 개학	(33) 수학	(43) 문제
(4) 화장실	(14) 후배	(24) 졸업	(34) 영어	(44) 숙제
(5) 청소	(15) 동창	(25) 공부	(35) 사회	(45) 시험
(6) 대학교	(16) 입학	(26) 배우다	(36) 자연	(46) 성적
(7) 대학원	(17) 유식하다	(27) 가르치다	(37) 과학	(47) 합격
(8) 교장	(18) 박사	(28) 우정	(38) 역사	(48) 불합격
(9) 교감	(19) 연구소	(29) 전공	(39) 윤리	(49) 벌
(10) 선생님	(20) 출석	(30) 이론	(40) 음악	(50) 칭찬

■ 지금까지 배운 단어로 문장을 만들어 연습해보세요.

(1) 학교에서 선생님은 가르치고 학생은 배웁니다.

(2)

(3)

(4)

(5)

■ 중급반 따라잡기

수화로 표현할 때, 몸을 조금씩 움직이면 1인2역 또는 1인다역을 잘 구분해서 설명할 수 있습니다.

제6과
건강

(1) 진찰	(11) 영양	(21) 아프다	(31) X레이	(41) 농구
(2) 병원	(12) 소변	(22) 참다	(32) 털	(42) 탁구
(3) 의사	(13) 대변	(23) 화내다	(33) 위	(43) 유도
(4) 간호사	(14) 전염	(24) 잘	(34) 붕대	(44) 수영
(5) 병	(15) 예방	(25) 잘못	(35) 솜	(45) 스케이트
(6) 환자	(16) 감기	(26) 몸	(36) 입원	(46) 승마
(7) 약	(17) 몸살	(27) 살	(37) 퇴원	(47) 사격
(8) 주사	(18) 중태	(28) 피	(38) 운동	(48) 양궁
(9) 수술	(19) 상처	(29) 뼈	(39) 경기	(49) 인기
(10) 검사하다	(20) 토하다	(30) 맹장	(40) 축구	(50) 혈액형

■ 지금까지 배운 단어로 문장을 만들어 연습해보세요.

(1) 의사는 진찰을 하고, 간호사는 주사를 놓고, 약사는 약을 조제해주었습니다. .

(2)

(3)

(4)

(5)

■ 중급반 따라잡기

표정을 살리면 단어의 뜻이 명확해지고 다양해질 수 있다는 것을 알 수 있습니다.

제7과
종교

(1) 종교	(11) 하나님	(21) 믿음	(31) 자비	(41) 회개
(2) 기독교	(12) 예수님	(22) 소망	(32) 천사	(42) 고백
(3) 천주교	(13) 그리스도	(23) 사랑	(33) 천국	(43) 용서
(4) 불교	(14) 성도	(24) 기도	(34) 전도사	(44) 인도
(5) 교회	(15) 죽음	(25) 예배	(35) 장로	(45) 지혜
(6) 성당	(16) 부활	(26) 헌금	(36) 집사	(46) 지식
(7) 절	(17) 은혜	(27) 십일조	(37) 성경	(47) 구원
(8) 목사	(18) 복음	(28) 제자	(38) 구약	(48) 심판
(9) 신부	(19) 진리	(29) 아멘	(39) 신약	(49) 축복
(10) 중	(20) 십자가	(30) 할렐루야	(40) 죄	(50) 성탄절

■ 지금까지 배운 단어로 문장을 만들어 연습해보세요.

(1) 믿음 소망 사랑 이 세 가지는 항상 있을 것인데 그 중에 제일은 사랑이라

(2)

(3)

(4)

(5)

■ 중급반 따라잡기

(1) 수화는 한 단어가 여러 가지의 뜻을 갖는 경우가 대부분입니다.

(2) 자신이 수화를 표현할 때는 어떤 뜻으로 사용했는지를 잘 아시겠지만, 다른 사람이 어떤 뜻으로 사용했는지를 문맥에서 빨리 알아차리는 것이 음성통역의 지름길이라는 것은 아시나요?

제8과

직업

(1) 일	(11) 쇠	(21) 프린터	(31) 회사	(41) 공무원
(2) 기술	(12) 전기	(22) 정보	(32) 정치	(42) 순종
(3) 시장	(13) 기계	(23) 건축	(33) 무용	(43) 거역
(4) 수퍼	(14) 라디오	(24) 지하철	(34) 만화	(44) 다니다
(5) 양복	(15) 전화	(25) 군인	(35) 미용	(45) 의무
(6) 한복	(16) TV	(26) 농사	(36) 백수	(46) 맡기다
(7) 목공	(17) 냉장고	(27) 생선	(37) 입사	(47) 사진
(8) 인쇄	(18) 세탁기	(28) 어부	(38) 그만두다	(48) 취미
(9) 재봉	(19) 선풍기	(29) 어선	(39) 보너스	(49) 고치다
(10) 공장	(20) 컴퓨터	(30) 월급	(40) 운전	(50) 요리

■ 지금까지 배운 단어로 문장을 만들어 연습해보세요.

(1) 친구와 첫 월급을 타면 만나기로 약속을 했다.

(2)

(3)

(4)

(5)

■ 중급반 따라잡기

책에 없는 단어라도 이미 알고 있는 쉬운단어로 설명이 가능합니다. 예를들어 일기예보는 날씨+미리+광고 정도로 표현이 가능합니다. 수화통역에서도 이런 기법을 많이 사용합니다. 다만 청각장애인들의 입장에서 설명이 되어야 한다는 것을 잊지 마세요.

제9과

사회

(1) 관심	(11) 공원	(21) 이루다	(31) 자존심	(41) 카메라
(2) 세계	(12) 발생하다	(22) 갈등	(32) 바꾸다	(42) 평화
(3) 나라	(13) 무조건	(23) 자살	(33) 동기	(43) 필름
(4) 인터넷	(14) 바보	(24) 의심	(34) 동시	(44) 회의
(5) e-메일	(15) 오해	(25) 질투	(35) 유혹	(45) 참가하다
(6) 충격	(16) 비밀	(26) 유행	(36) 고집	(46) 심부름
(7) 아파트	(17) 인격	(27) 위하여	(37) 유익	(47) 열쇠
(8) 눈치	(18) 양심	(28) 때문에	(38) 걸레	(48) 버릇
(9) 소문	(19) 함께	(29) 용기	(39) 우표	(49) 비닐
(10) 유명	(20) 서로	(30) 동사무소	(40) 봉투	(50) 신문

■ 지금까지 배운 단어로 문장을 만들어 연습해보세요.

(1)

(2)

(3)

(4)

(5)

■ 중급반 따라잡기

제10과
경제

(1) 돈	(11) 이자	(21) 싸다	(31) 발전	(41) 독립하다
(2) 경제	(12) 할인	(22) 비싸다	(32) 퇴보	(42) 의지하다
(3) 사다	(13) 무료	(23) 달러	(33) 확대	(43) 시끄럽다
(4) 팔다	(14) 예산	(24) 백화점	(34) 축소	(44) 조용하다
(5) 은행	(15) 취소	(25) 물건	(35) 성공	(45) 밝다
(6) 보험	(16) 절약	(26) 항구	(36) 실패	(46) 어둡다
(7) 저축	(17) 지출	(27) 영수증	(37) 꾀	(47) 기다리다
(8) 통장	(18) 가치	(28) 계약	(38) 핑계	(48) 꿈꾸다
(9) 불안하다	(19) 주식	(29) 전세	(39) 훌륭하다	(49) 시작하다
(10) 불평하다	(20) 주문	(30) IMF	(40) 가지다	(50) 끝

■ 지금까지 배운 단어로 문장을 만들어 연습해보세요.

(1)

(2)

(3)

(4)

(5)

■ 중급반 따라잡기

제11과
정치와 지명

(1) 대통령	(11) 불확실	(21) 말레이시아	(31) 지방	(41) 춘천
(2) 다스리다	(12) 한국	(22) 캐나다	(32) 종로	(42) 제주도
(3) 전쟁	(13) 일본	(23) 홍콩	(33) 수원	(43) 울릉도
(4) 활동	(14) 중국	(24) 로마	(34) 성남	(44) 도장
(5) 법	(15) 영국	(25) 동양	(35) 안양	(45) 공항
(6) 불법	(16) 프랑스	(26) 서양	(36) 마산	(46) 의정부
(7) 경찰	(17) 독일	(27) 외국	(37) 대구	(47) 시청
(8) 검사	(18) 아프리카	(28) 전국	(38) 부산	(48) 청량리
(9) 변호사	(19) 대만	(29) 서울	(39) 광주	(49) 마포
(10) 확실	(20) 필리핀	(30) 대전	(40) 인천	(50) 수도권

■ 지금까지 배운 단어로 문장을 만들어 연습해보세요.

(1)

(2)

(3)

(4)

(5)

■ 중급반 따라잡기

제12과

음식

(1) 음식	(11) 계란	(21) 달다	(31) 배	(41) 껌
(2) 반찬	(12) 라면	(22) 짜다	(32) 사과	(42) 빵
(3) 국수	(13) 고추	(23) 맵다	(33) 술	(43) 과자
(4) 자장면	(14) 콩나물	(24) 시다	(34) 막걸리	(44) 콜라
(5) 우동	(15) 파	(25) 감	(35) 맥주	(45) 사이다
(6) 비빔밥	(16) 마늘	(26) 포도	(36) 소주	(46) 떡
(7) 만두	(17) 쌀	(27) 참외	(37) 양주	(47) 배부르다
(8) 주전자	(18) 감자	(28) 딸기	(38) 커피	(48) 배고프다
(9) 냄비	(19) 땅콩	(29) 수박	(39) 우유	(49) 맛있다
(10) 김치	(20) 고구마	(30) 바나나	(40) 사탕	(50) 맛없다

■ 지금까지 배운 단어로 문장을 만들어 연습해보세요.

   (1)
   (2)
   (3)
   (4)
   (5)

■ 중급반 따라잡기

제13과

색상과 동물

(1) 색깔	(11) 회색	(21) 벌레	(31) 뱀	(41) 토끼
(2) 흰색	(12) 국방색	(22) 게	(32) 나비	(42) 돼지
(3) 검정	(13) 연두색	(23) 조개	(33) 원숭이	(43) 개
(4) 빨강	(14) 은색	(24) 악어	(34) 개구리	(44) 늑대
(5) 파랑	(15) 금색	(25) 고래	(35) 말	(45) 여우
(6) 노랑	(16) 하늘색	(26) 부엉이	(36) 소	(46) 기린
(7) 초록	(17) 밤색	(27) 비둘기	(37) 닭	(47) 오징어
(8) 갈색	(18) 동물	(28) 모기	(38) 고양이	(48) 하마
(9) 주황	(19) 자유	(29) 벌	(39) 곰	(49) 코끼리
(10) 보라	(20) 새	(30) 파리	(40) 거북이	(50) 사자

■ 지금까지 배운 단어로 문장을 만들어 연습해보세요.

(1)

(2)

(3)

(4)

(5)

■ 중급반 따라잡기

제14과
자주 쓰이는 표현

(1) 안돼	(11) 처음	(21) 욕	(31) 양보하다	(41) 필요하다
(2) 궁금하다	(12) 어울리다	(22) 넉넉하다	(32) 방문하다	(42) 필요없다
(3) 심심하다	(13) 거짓말	(23) 준비하다	(33) 건의하다	(43) 겸손하다
(4) 도와주다	(14) 농담	(24) 시작	(34) 기각하다	(44) 교만하다
(5) 숨다	(15) 오다	(25) 끝	(35) 결정하다	(45) 찬성하다
(6) 기적	(16) 가다	(26) 놀다	(36) 망설이다	(46) 반대하다
(7) 게으르다	(17) 빌리다	(27) 두렵다	(37) 어기다	(47) 잠자다
(8) 후회하다	(18) 버리다	(28) 느끼다	(38) 존경하다	(48) 퇴보하다
(9) 속다	(19) 기억하다	(29) 대화하다	(39) 무시하다	(49) 성장하다
(10) 예를 들어	(20) 잊어버리다	(30) 되다	(40) 창조하다	(50) 뭐가뭔지

■ 지금까지 배운 단어로 문장을 만들어 연습해보세요.

(1)

(2)

(3)

(4)

(5)

■ 중급반 따라잡기

제15과
조사와 자주 쓰이는 단어들

(1) 그리고	(11) 보이다	(21) 놀라다	(31) 외롭다	(41) 보다
(2) 그러나	(12) 보여주다	(22) 자랑하다	(32) 지루하다	(42) 힘들다
(3) 마다	(13) 너그럽다	(23) 비교하다	(33) 줄어들다	(43) 포기하다
(4) 만약	(14) 옹졸하다	(24) 쫓아가다	(34) 늘어나다	(44) 행복하다
(5) -라면	(15) 버리다	(25) 쫓아내다	(35) 급하다	(45) 불행하다
(6) 읽다	(16) 잃어버리다	(26) 간단하다	(36) 당황하다	(46) 크다
(7) -적 있다	(17) 감동	(27) 인정하다	(37) 희미하다	(47) 끄다
(8) 더욱	(18) 가깝다	(28) 어렵다	(38) 뚜렷하다	(48) 모이다
(9) 거의	(19) 양보	(29) 못하다	(39) 가볍다	(49) 흩어지다
(10) 억지로	(20) 간사하다	(30) 불편하다	(40) 무겁다	(50) 목마르다

■ 지금까지 배운 단어로 문장을 만들어 연습해보세요.

(1)

(2)

(3)

(4)

(5)

■ 중급반 따라잡기

수화 아카데미
(기초편)

수화단어사전

1년

오른손(손바닥 몸쪽)의 2지를 펴서 주먹을 쥔 왼손(손바닥 몸쪽) 주위를 한 바퀴 돌린다.

1분

오른손 2지 끝(손바닥 몸쪽)으로 턱 아래서 앞으로 내민다.

가깝다

주먹을 쥔 양손 1, 2지를 붙여서 중앙으로 모은다.

가끔

1, 3지의 끝을 붙였다 뗐다 하며 오른쪽으로 옮긴다.

가난
1지의 안쪽을 턱 밑에 대고 얼굴을 약간 위로 밀어 올린다.

가다
오른손을 펴고 손끝을 아래에서 앞으로 밀어 올린다.

가르치다
1지만 펴서 세운 왼손을 향해 오른손 2지를 좌우로 흔든다.

가방
가방을 쥔 듯한 손(1, 5지를 펴기도 한다)을 허리 위치에서 상하로 약간 올렸다 내렸다 한다.

가볍다

양손(손바닥 위쪽)을 가볍게 올린다.

가위

2, 3지만 펴서 붙였다 뗐다 하여 가위질하는 시늉을 낸다.

가을

계절+바람
양손을 펴서 몸쪽으로 바람을 일으킨다.

가장

2지만 편 오른손(손바닥 아래쪽)을 왼쪽 어깨에 붙인다.

가정
양손 끝을 붙여 집 모양을 한 후, 왼손을 그대로 두고 오른손을 수평의 접시 모양으로 돌린다.

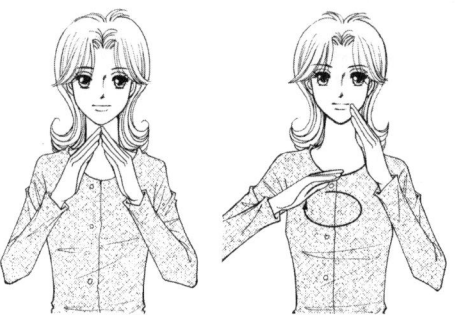

가족
양손 끝을 붙여 집 모양을 한 후, 왼손을 그대로 두고 오른손 1, 5지만 펴서 오른쪽으로 옮긴다.

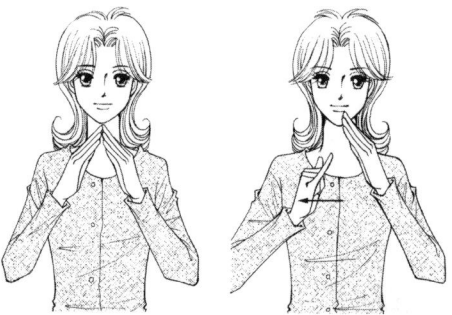

가지다
오른손으로 물건을 집어 몸쪽으로 끌어당기는 시늉을 한다.

각각
양손 1, 3지(손바닥 아래쪽)를 양쪽으로 벌리면서 구슬을 튕기는 동작을 한다.

간단하다
양손 "ㅇ" 모양을 양쪽으로 잡아당겼다가 놓는 동작을 한다.

간접
오른손 2지(손바닥 아래쪽)를 오른쪽 앞으로 내밀고 연속해서 왼쪽으로 내민다.

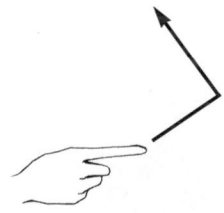

간첩
1지만 펴서 세운 왼손에 오른손 2, 3지 끝을 대고 살짝 돌린다.

간호사
양손의 2지로 십자가(+)를 만든 후, 턱과 이마에 대었다가 1, 5지 양손(손바닥 마주)을 벌린다.

갈등

구부린 양손의 손등을 대고 상하로 비빈다.

갈비

구부린 양손(1, 2, 3지만을 사용하기도 함)을 가슴에 대었다가 옷을 벗는 것처럼 벌린다.

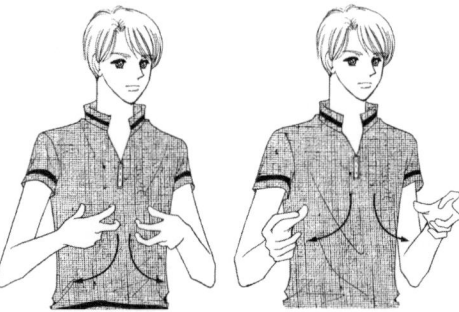

갈색

오른 1지(손바닥 왼쪽)로 오른쪽 볼에 대고 앞으로 내민다.

감

손끝을 오므려 붙인 손을 입에 대고 빨아들이는 동작을 한다.

감기

오른손(손바닥 아래쪽) "ㅇ" 모양을 코 또는 목 가까이 대었다가 앞으로 내미는 동작을 한다.

감동

반쯤 구부린 오른손 1, 2지(손바닥 얼굴쪽)를 턱에서 몸 앞의 왼손 바닥까지 천천히 내려 놓는다.

감사합니다

편 왼손(손바닥 아래쪽)에 편 오른손(손바닥 왼쪽)을 올려 놓는다.

감자

주먹 쥔 왼손을 오른손(숟가락처럼) 끝으로 긁어내린다.

값
"ㅇ" 모양의 오른손을 왼손바닥 위에서 약간 흔든다.

강
1, 2지를 "C" 모양으로 구부려 입술 밑에 대었다가 오른손(손바닥 위로)을 펴서 좌에서 우로 물이 흐르듯 약간씩 흔들며 움직인다.

강하다
1, 2지를 "C" 모양으로 구부려 위에서 약간 앞쪽 아래로 힘 있게 내린다.

같다
양손 1, 2지(손바닥 위쪽)를 붙이는 동작을 반복한다.

갚다

왼손 바닥에 오른손의 2지로 X자를 그린다.

개

양손의 1지를 양쪽 눈 옆에 대고 손가락 2, 3, 4, 5지를 앞으로 몇 차례 구부린다.

개구리

주먹 쥔 양손으로 배를 번갈아 두드린다.

개미

검다 + 벌레
오른손으로 옆머리를 스쳐 내린 후, 5지만 펴서 꿈틀거리며 앞으로 전진시킨다.

개월

오른손 2지를 구부려 눈 밑에 대었다가 앞으로 내밀면서 튕기듯 편다.

개인

반쯤 구부린 양손 2지를 입 주위에서 원 모양을 그리며 아래로 모아 내린다.

개학

편 양손(손바닥 몸쪽)을 어깨 뒤로 넘기는 것처럼 2~3회 움직인 후, 양손바닥(손바닥 전방)을 문을 열 듯이 몸쪽으로 연다.

거룩하다

손끝을 모아 붙인 오른손을 아래에서 코끝으로 천천히 댄다.

거리
손바닥을 "ㄱ" 모양으로 구부린 손등이 서로 마주보게 해서 앞뒤로 대칭형으로 흔든다.

거미
짝 벌린 왼손에 오른손의 5지를 빙빙 돌리며 거미줄을 그린다.

거북이
1지만 편 오른손을 왼손바닥으로 덮고 오른손 1지를 상하로 약간 움직인다.

거역
오른팔을 접어 몸에 붙였다가 팔꿈치로 날개를 펴듯 옆으로 강하게 올린다.

거짓말
2지 끝을 구부려 볼에 몇 차례 두드린다.

걱정
반쯤 구부린 손을 가슴에 대고 빙빙 돌린다.

건의
왼손바닥에 오른손(손바닥 왼쪽)을 세워 올리고 앞쪽 위로 내민다.

건청인
반쯤 구부려 움켜잡은 손을 입 앞에서 시계 반대 방향으로 돌린다.

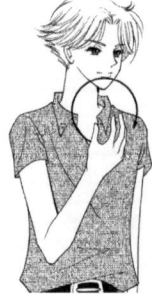

건축
양손 끝을 "ㅅ" 모양으로 대고 몸앞에서 세운다.

걷다
2지만 펴 끝이 아래로 향하게 하고 걸어가듯 손가락을 교대로 앞으로 내민다.

걸레
주먹 쥔 양손으로 걸레를 쥐고 짜듯한다.

걸리다
오른손 2지를 구부려 눈 앞에서 눈 가까이까지 이동시킨다.

검사

돌보다 + 심판

오른손 2, 3지를 반쯤 구부려 얼굴 앞에서 돌린 후, 양손 1지를 세워 마주 세운다.

검정

손바닥으로 옆머리를 스쳐 내린다.

게

손목을 붙여 구부린 양손의 손가락을 움직이며 옆으로 이동시킨다.

게으르다

주먹을 쥔 양손을 가슴에서 수직으로 나란하게 오른 어깨쪽으로 끌어올린다.

겨울
계절 + 춥다
주먹을 쥔 양손을 가슴 앞에서 떠는 동작을 한다.

결국
편 왼손 등에 1지만 세운 오른손을 올려놓는다.

결석
편 양손(손바닥 아래쪽)을 옆으로 부딪친다.

결선
마지막+경기
편 왼손 등에 1지만 세운 오른손을 올려놓은 후, 5지만 편 양손을 세워 엇갈리게 상하로 움직인다.

결정
왼손바닥을 오른 주먹으로 힘 있게 친다.

결혼
왼손은 5지와 오른손은 1지를 세워 중앙에서 만나게 한다.

겸손
편 손끝(손바닥 얼굴쪽)으로 콧등을 살짝 누르면서 머리를 숙인다.

경기
1지만 편 양손을 마주 보게 세우고 엇갈리게 상하로 움직인다.

경제

양손 "ㅇ" 모양(손바닥 아래쪽)을 가슴 앞에서 접시 모양으로 엇갈리게 돌린다.

경찰

1, 2, 3지를 펴 1지 끝을 이마 중앙에 대고 (손바닥 왼쪽) 2, 3지를 구부린다.

경험

오른 2지(손바닥 얼굴쪽)를 턱 밑에서 목으로 문질러 내린다.

계란

닭+알

편 오른손 1지를 이마에 대고 손가락을 흔든 다음, "C" 모양이 되게 굽힌 손을 오른쪽 눈에서 살짝 쥐었다 폈다 한다.

계산

왼손바닥 위에 편 오른 손가락을 주판을 만지듯 움직인다.

계속

편 양손의 "O" 모양을 고리로 엮어 오른쪽 위에서 왼쪽 아래로 움직인다.

계약

편 양손(손바닥 몸쪽)을 교차시켰다가 주먹을 쥐며 양쪽으로 잡아당긴다.

계절

"4" 모양의 왼손(손바닥 몸쪽)을 오른손 2지로 위쪽에서 시작하여 한 바퀴 돌린다.

계획하다

2지로 이마 옆에 댔다가 왼손의 팔꿈치에서 손목까지를 오른손 끝으로 문지른다.

고구마

주먹을 쥔 양손(손바닥 아래쪽)을 붙였다가 막대기를 부러뜨리는 동작을 한다.

고등학교

손끝을 붙인 손을 이마 앞에서 빙빙 돌린 후, 편 양손(손바닥 몸쪽)을 어깨 뒤로 넘기는 듯이 2~3회 움직인다.

고래

손끝을 모아 손을 뒷머리 위에 댔다가 위로 올리면서 편다.

고민
양손 1, 2지를 "C" 모양으로 오른손 1지를 왼손 2지에 문질러 몇 차례 내민다.

고백
손끝을 모아 양손을 교대로 입 앞으로 펴는 동작을 반복한다.

고아
1, 5지만 편 오른 손등을 왼손 바닥에 스쳐 내린다.

고양이
1지를 세운 오른 주먹(손바닥 왼쪽)을 입 앞에서 빙빙 돌린다.

고자질
손끝을 모은 오른손 등을 1지를 편 왼손 위에 대면서 편다.

고집
1, 2지를 이마 중앙에 대고 방아쇠를 당기듯 손가락을 구부린다.

고추
2지를 아랫 입술에 스친 후, 2지만 편 왼손가락을 잡아 내민다.

고치다
1지만 편 양손(손바닥 마주)을 엇갈리게 교차시킨다.

고향

낳다 + 장소

양손(손바닥 마주)을 펴고 배에서 아래로 내린 다음, 반쯤 구부린 오른손(손바닥 아래쪽)을 위에서 아래로 내린다.

곤란하다

반쯤 구부린 오른손으로 오른쪽 옆머리를 긁는 시늉을 한다.

골절

양손 2지 끝을 맞대었다가(손바닥 듬쑥) 오른손을 위로 올린다.

골프

골프채를 쥐고 공을 치려는 동작을 한다.

곰

1지를 세운 오른 주먹 (손바닥 입쪽)을 입 앞에서 빙빙 돌린다.

공

양손을 "ㅈ" 모양(손바닥 아래쪽)으로 공을 쥐고 가볍게 손끝으로 누르는 동작을 한다.

공군

비행기 + 군대

1, 5지만 편 오른손을 왼쪽 위로 올린 후, 양손 주먹을 오른쪽 가슴에서 총을 메듯 댄다.

공기

오른손의 2, 3지를 펴서 손끝을 코 가까이에 댔다 뗐다를 한다.

공무원

비스듬히 펴서 세운 왼손바닥 아래서 오른손으로 "ㅅ" 모양을 그린 후, 수평의 왼 손등 위에 펜을 쥔 듯한 오른손을 올려 놓고, 양손 1, 5지만 펴서 손을 좌우로 벌린다.

공부

편 양손(손바닥 마주)을 얼굴 옆에서 앞뒤로 수차례 흔든다.

공원

양손 "ㅈ"(손바닥 위쪽) 모양을 뒤집어 중앙으로 모아 덮고(손바닥 아래쪽) 반쯤 구부린 오른손을 아래로 약간 내린다.

공장

"ㅈ" 모양의 양손(손바닥 마주)을 자전거 페달 방향으로 돌린 다음, 반쯤 구부린 오른손을 아래로 약간 내린다.

공짜

편 양손(손바닥 얼굴쪽)을 포개어 이마에 댔다가 뗀다.

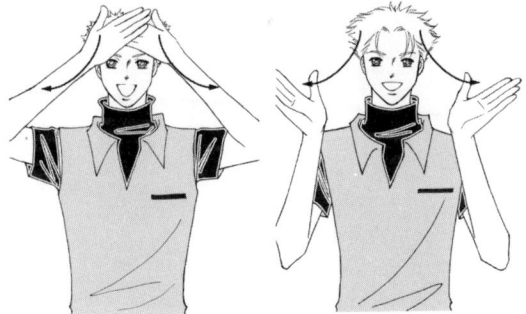

공항

1, 5지만 편 오른손(손바닥 아래쪽)을 오른쪽 위로부터 왼 손바닥에 내려놓은 다음, 반쯤 구부린 오른손(손바닥 아래쪽)을 위에서 아래로 내린다.

과거

편 오른손을 어깨 너머로 넘긴다.

과목

배우다 + 종류

오른 2지를 코 끝에 몇 차례 가까이 한 후, 왼손바닥을 오른손(손바닥 왼쪽)으로 부채꼴로 나누어 자르듯 한다.

과자
오른 주먹(손바닥 얼굴쪽)으로 오른 턱을 두드린다.

과학
생각 + 이유
오른 2지를 눈 옆에 댔다가 주먹을 쥔 왼손(손바닥 오른쪽) 밑으로 문지르며 내민다.

관심
양손을 "ㅇ" 모양을 연결히여 길고 앞뒤로 약간 흔든다.

관광버스
여행 + 버스
양손 2지를 구부려(손바닥 뒤쪽) 어깨 위에서부터 배낭을 메듯 움직인 후, 오른손 2, 3지를 구부려(손바닥 왼쪽) 앞뒤로 움직인다.

광고
왼 손바닥에 오른손 2지를 대고 앞으로 돌려 내민다.

광주
오른손 끝을 모아쥐어 살짝 흔들면서 2, 3, 4지만 펴서 아래로 내린다.

괜찮습니다
5지(손바닥 얼굴쪽) 끝으로 턱을 두드린다.

교감
편 양손(손바닥 몸쪽)을 어깨 뒤로 넘기는 듯이 2~3회 움직인 후, 펴서 세운 왼손 1지 아래에 오른손 1지를 두드린다.

교만

오른 손끝(손바닥 아래쪽)을 모아 코에서 손을 앞쪽 위로 올린다.

교실

공부 + 방

편 양손(손바닥 마주)을 얼굴 옆에서 앞뒤로 수차례 흔든 후, 양 손바닥으로 벽을 표현한다.

교장

편 양손(손바닥 몸쪽)을 어깨 뒤로 넘기는 듯이 2~3회 움직인 후, 오른손 1지(손바닥 왼쪽)를 강하게 앞에 내려놓는다.

교제하다

편 양손(손바닥 위쪽)을 위와 아래에서 각각 수평접시 모양으로 회전시킨다.

교통사고

"ㅁ" 모양의 양손 끝 (손바닥 몸쪽)을 부딪혀 위로 올린다.

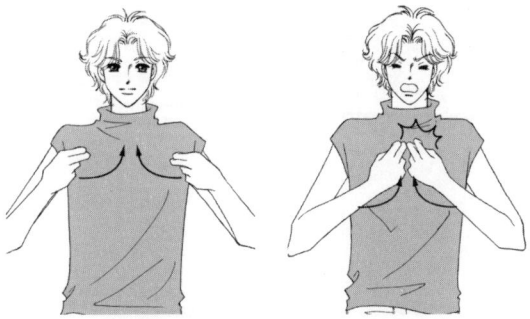

교회

양손 2지로 십자가(+)를 만든 후, 양손 끝을 "ㅅ" 모양으로 맞붙여 세운다.

구경

편 손(손바닥 아래쪽)을 이마에 대고 고개를 좌우로 돌리며 구경하는 시늉을 한다.

구름

흰색 + 섞다

2지로 이를 가리켰다가 반쯤 구부린 손을 상하로(오른 손바닥 아래쪽 왼 손바닥 위쪽) 수평접시 모양으로 돌린다.

구약

옛 + 약속
1, 2, 3지만 펴 이마에 댔다가 손을 펴서 어깨 뒤로 넘긴 후, 양손의 5지를 약속하듯 걸어 잡는다.

구원

왼손의 1지를 오른손 1, 2지로 쥐고 위로 올린다.

국

편 오른손(손바닥이 위쪽)으로 오복하게 해서 수평접시 모양으로 돌린다.

국방색

군인+색
양손 주먹을 오른쪽 가슴에서 총을 메듯 댄 후, 반쯤 움켜잡은 오른손의 1지를 턱 밑에 대고 좌우로 돌린다.

국수
양손 2, 3지로 국수를 먹는 시늉을 한다.

국어
나라+말
국어(과목)
왼손 1, 2지에 오른손 2지를 대고 비빈다.

군인
양손 주먹을 오른쪽 가슴에 위 아래로 나란히 총을 멘 것처럼 댄 후, 양손 1, 5지를 벌린다.

궁금하다
오른손(손바닥 왼쪽)의 2지를 코 옆에 대고 1, 3지로 구슬 튕기기를 한다.

권리

주먹 쥔 왼 팔에 오른손의 2지로 반원(알통 모양)을 그린다.

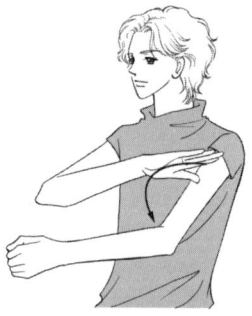

귀엽다

손끝을 모은 오른손을 약간 구부려 왼쪽 볼에 두드린다.

귀찮다

주먹 쥔 왼 팔의 팔뚝을 반쯤 구부려 잡은 오른손으로 긁듯이 빨리 움직인다.

귤

손끝을 모아 잡은 왼손(손바닥 위쪽)을 오른손으로 귤 껍질을 까는 듯한 시늉을 한다.

그냥
손끝을 모아 잡은 오른손(손바닥 아래쪽)을 코앞에서 펴면서 내린다.

그러나
편 오른손(손바닥 위쪽)으로 반원을 그리며 뒤집는다(손바닥 아래쪽).

그리스도
"C" 모양의 오른손을 왼 손바닥(손바닥 위쪽) 위에서 몸쪽으로 스치며 끌어당겼다가 오른손 1지만 펴서 왼 손바닥 위에 세운다(오른 손바닥 몸쪽).

그리다
왼 손바닥에 오른 손끝 등쪽으로 스치며 그림을 그리듯 한다.

그만두다

왼손 2, 3지 위에 오른 2, 3지를 포갠 우물 정 "井" 모양(양 손바닥 아래쪽)에서 오른 2, 3지만 내려 놓는다.

금

노랑 + 보물

2지를 이에 댔다가 좌로 스쳐낸 후, 모아잡은 오른 손끝(손바닥 위쪽)을 왼 손등 위에서 살짝 튕긴다.

금요일

양손 "o" 모양(손바닥 아래쪽)을 상하로 흔든 후, 양손 "ㄴ" 모양(손바닥 전방)을 동시에 위로 올린다.

급하다

왼 손바닥에 오른 2지로 전보를 치듯 두드린다.

기각

왼 손바닥(손바닥 몸쪽)에 오른손(손바닥 왼쪽)을 얹어 내밀면서 올렸다가 왼 손바닥으로 오른손을 몸쪽으로 뒤집어 누른다.

기계

반쯤 구부린 양손(손바닥 몸쪽)의 손가락을 서로 끼워 톱니바퀴가 움직이듯 돌린다.

기념

오른 2지를 눈 옆에 댔다가 주먹을 쥐고 아래로 내린다.

기다리다

직각으로 구부린 오른 손등 끝을 턱에 괸다.

기대

"C" 모양의 오른손 1지(손바닥 얼굴쪽)를 오른 눈 옆에 대고 기댄다.

기도

오른손 1, 2지 끝으로 "C" 모양을 만들어 이마에 댄다.

기독교

왼손 1, 2지 끝으로 "C" 모양을 만들어 이마에 대고, 왼손으로 "ㄷ" 모양을 하고, 오른손을 "ㅈ" 모양으로 세워 왼손 안쪽에 두드린다.

기르다

1지를 펴서 세운 왼손을 오른 손날(손바닥 위쪽)로 두드리며 올린다.

기름

오른손 2, 3지를 코에 댔다가 편 왼손 2, 3지에 스치며 내민다.

기분

편 오른손을 가슴에 대고 쓰다듬는 것처럼 돌린다.

기분 나쁘다

편 오른손을 가슴에 대고 쓰다듬듯이 돌린 후, 오른 2지로 코 끝을 스쳐 내린다.

기분 좋다

편 오른손을 가슴에 대고 쓰다듬듯이 돌린 후, 주먹을 쥔 오른손(손바닥 왼쪽)을 코에 댄다.

기쁘다

양손을 "ㄱ" 모양으로 가슴에 대고 위 아래 대칭형으로 움직인다.

기숙사

주먹을 쥔 오른손(손바닥 얼굴쪽)을 오른쪽 눈 옆에 댔다가 반쯤 구부린 오른손(손바닥 아래쪽)을 위에서 아래로 내린다.

기술

"ㅇ" 모양(손바닥 아래쪽)을 이마 중앙에 댔다가 뗀다.

기억

자연스럽게 편 오른손(손바닥 왼쪽)을 주먹을 쥐면서 오른쪽 눈 옆에 댄다.

기적

"ㅑ" 모양의 오른손을 왼손(손바닥 오른쪽)으로 잡아 올린다.

기차

왼 손바닥(손바닥 오른쪽) 옆에 "ㅑ" 모양(손바닥 마주)으로 평행하게 돌린다.

기회

좋다+시간

오른 주먹(손바닥 왼쪽)을 코에 댄 후, 왼손 주먹(손바닥 아래쪽)으로 "ㄱ" 모양의 오른손 1지를 잡고 축으로 돌린다.

길

나란히 펴서 세운 양손을 동시에 구불구불 앞으로 전진시킨다.

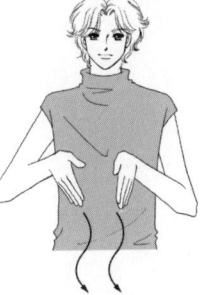

길다

주먹 쥔 양손의 1, 2지를 붙였다가 오른손을 반원을 그리며 앞으로 내민다.

김치

오른손 2지를 입술에 스친 후, 약간 굽힌 양손을 서로 포갠다(손바닥 얼굴쪽).

깊다

왼손(손바닥 위쪽) 옆에서 2지 끝으로 송곳으로 뚫는 동작으로 아래로 쑥 내린다.

~까지

왼 손바닥(손바닥 오른쪽)에 오른손 끝(손바닥 몸쪽)을 갖다댄다.

깨끗하다

편 오른손으로 코(얼굴 앞)를 스치듯이 오른쪽에서 왼쪽으로 옮긴다.

깨닫다

오른손 "ㅇ" 모양을 오른쪽 눈 옆에서 위로 젖혀 올린다.

껌

주먹 쥔 양손의 1, 2지를 붙였다가 떼는 동작을 입의 오른쪽에서 반복한다.

꼬마

1지만 펴서 세운 왼손 위에 오른손(손바닥 아래쪽)을 펴서 톡톡 두드린다.

꼭
양손 5지를 약속하듯 걸어서 내민다.

꼴찌
5지만 편 오른손을 앞으로 털어내듯 흔든다.

꽃
양손 손목을 마주 붙인 다음 꽃이 피듯이 양 손가락을 모두 펴면서 손목을 약간 회전시킨다.

꾀
2지를 이마 오른쪽에 댔다 뗀 후 왼손으로 오른손을 감싸쥐고 오른손 1지를 밑에서 튕겨 올린다.

꿈

반쯤 구부린 오른손(손바닥 얼굴쪽)의 끝이 위로 향하게 하여 입 앞에서 위로 올린다.

끄다

자연스럽게 편 손을 위로 약간 올리면서 손끝을 모은다.

끊다

오른손의 2, 3지를 가위로 무엇을 단번에 자르듯 한다.

끝

몸 앞 중앙에서 왼손바닥(손바닥 오른쪽)에 오른손 끝(손바닥 몸쪽)을 갖다댄다.

나
오른 손바닥을 가슴에 댄다.

나누다
왼 손바닥에 오른손 (손바닥 왼쪽)을 세웠다가 무엇인가를 나누듯 좌우로 움직인다.

나라
양 손을 펴서 공을 쥔 듯한 모양으로 전후로 살짝 돌린다.

나무
양손 1, 2지를 펴서 2지가 십자(+) 모양으로 부딪히도록 양손을 위아래로 교차시켜 움직인다.

나쁘다

오른손의 2지 끝으로 오른쪽에서 왼쪽으로 코 끝을 스쳐 내린다.

나이

오른손을 펴서 턱 밑에 대고 손가락을 살짝 흔든다.

나타내다

왼 손바닥에 오른손의 2지를 대고 안에서 바깥쪽으로 돌려 내민다.

날

양손 1, 2지를 펴고(손바닥 전방) 위로 올린다.

날씨
날+하늘
양손(손바닥 전방)을 아래서 위로 하늘의 손 모양을 하듯 올린다.

남
1, 2지를 펴고 양 손목(손바닥 몸쪽)을 "X" 모양으로 교차시켜 아래로 약간 내린다.

남다
왼 손바닥을 오른 손등으로 쓰쳐 내린다.

남매
왼손 5지와 오른손 3지를 세워 가슴 앞에서 상하로 엇갈리게 움직인다.

남비
양손의 1, 2지로 귀를 살짝 쥔다.

남자
양손의 1지를 살짝 부딪힌다.

남편
결혼+남자
왼손 5지와 오른손 1지를 가슴 앞에서 마주댄 후, 오른 1지를 앞으로 내민다.

낭비
왼 손바닥에서 오른손 "ㅇ" 모양을 빠르게 두 번 스쳐 내린다.

낮

양손(손바닥 전방)을 펴서 얼굴 앞에서 포갰다가 좌우로 활짝 편다.

낳다

양손(손바닥 마주)을 아랫배에 대고 동시에 아래로 내린다.

내년

1년 + 내년
주먹을 쥔 왼손 위에 2지만 편 오른손을 올려놨다가 앞으로 내민다.

내리다

왼 손바닥 위에 세워 올려놓은 2, 3지 끝을 오른쪽으로 내려놓는다.

내용

양손(손바닥 아래)을 펴서 위 아래에 위치(오른 손끝 왼쪽과 왼손끝 오른쪽)시키고 두 손을 조금씩 아래로 이동시킨다.

내일

2지만 편 오른손(손바닥 전방)을 얼굴 옆에서 앞으로 내민다.

냄새

오른손의 2, 3지를 펴서 손끝을 코 가까이에 댔다 뗐다를 한다.

냉장고

얼음 + 문 열다

"C" 모양의 오른손 1, 2지를 입에 댔다가 양손(손바닥 몸쪽)을 구부려 깍지 끼우고 좌우로 흔든 후, 왼손(손바닥 전방)을 펴서 고정시킨 상태에서 오른손만 주먹으로 문을 열 듯 당긴다.

너
오른손(손바닥 위쪽)으로 상대를 가리킨다.

너그럽다
양손(손바닥 몸쪽) 1, 2지를 배 중앙에 댔다가 좌우로 벌린다.

너희
오른손(손바닥 위쪽)으로 전발이 왼쪽에서 오른쪽으로 이동시킨다.

넉넉하다
오른손을 "ㄱ" 모양으로 구부려서 왼쪽 어깨와 오른쪽 어깨를 차례로 짚는다.

넓다

양손(손바닥 아래쪽)으로 주먹을 쥐고 양쪽 팔꿈치를 옆으로 벌린다.

노랑

오른손의 2지를 이에 댔다가 왼쪽으로 스친다.

노래

오른손의 2, 3지를 구부려 입 앞에서 나선형으로 돌리면서 올린다.

논

물+밭

"C" 모양의 오른손 1, 2지를 입에 댔다가 양손(손바닥 아래쪽) 2, 3, 4지를 교차시켜 "田" 모양을 만든다.

놀다
양손 2지를 동시에 앞뒤로 흔든다.

놀라다
양손을 구슬 튕기듯 몸의 중앙에서(오른손은 위, 왼손은 아래) 1, 3지를 튕기면서 양손 1지를 몸에 댄다.

농구
반쯤 구부린 왼손 "C" 모양에 손끝을 모은 오른손을 위에서 아래로 통과시킨다.

농담
오른손(손바닥 얼굴쪽) 2, 3지로 오른쪽 광대뼈를 두드린다.

농사

밭 + 일

양손(손바닥 아래) 2, 3, 4지를 포개어 "田" 모양을 한 후, 양손(손바닥 위쪽)을 좌우로 흔든다.

농아인

오른 손바닥으로 귀와 입을 차례로(혹은 양손으로 동시에) 막는다.

놓치다

오른손으로 왼손 1지를 잡았다가 놓는다.

누가

오른손을 구부려 손등으로 오른 볼을 상하로 문지른다.

눈

오른손의 2지로 이를 가리킨 후, 양손(손바닥 전방)을 들어 손가락을 움직이며 내린다.

눈치

오른손의 2지로 눈을 가리킨 후, 오른 1지(손바닥 얼굴쪽)를 오른쪽으로 튕긴다.

눕다

오른손 2, 3지의 등을 왼 손바닥 위에 올려놓는다.

느끼다

오른손의 2지를 옆머리에 댔다가 손끝을 아래로 내린다.

느리다

왼 손등(손바닥 아래쪽)에 오른손(손바닥 왼쪽)을 세워 천천히 앞으로 내민다.

늑대

오른손 1, 2지를 펴고 2지로 오른쪽 입에서 귀로 스쳐 올린다.

늙다

턱 밑에 댄 오른손 1지를 축으로 손바닥을 오른쪽으로 돌린다.

능숙

오른 2, 3, 4, 5지를 광대뼈 부분에 문지르며 손끝을 1지로 비빈다.

다니다

왼손의 팔꿈치에서 손목까지 오른손 끝으로 왕복하며 문지른다.

다르다

양 손바닥 등을 서로 몇 번 두드린다.

다리

왼팔 밑에 오른 2, 3지를 세워 교각을 세우듯 몇 번 갖다 댄다.

다스리다

양손(손바닥 아래쪽)의 2지만 펴서 팔꿈치를 축으로 엇갈리게 앞뒤로 움직인다.

다시

오른손 1지에 2, 3지를 대고 튕기면서 왼쪽 아래로 내린다.

다음

2지를 펴서 반원을 그리며 앞으로 내민다.

다행이다

오른 손바닥 끝으로 이마의 땀을 씻어 내리듯 오른쪽으로 털어낸다.

단어

"ㄷ" 모양의 왼손 1, 2지에 오른손 2지를 대고 돌린다.

단체
손끝을 댔다가 접시모양을 그리며 손목이 서로 닿게 한다.

닫다
양 손바닥(손바닥 아래)을 문을 닫듯이 나란히 붙인다.

달
오른 1, 2지로 초생달 모양(손가락을 떼면서 내리다가 붙인다)을 그리면서 손을 내린다.

달다
혀를 내민 입 앞에서 오른 손바닥을 빙빙 돌린다.

달러

2, 3지를 펴서 "$" 모양을 쓴다.

달력

언제 + 네모

양손을 위 아래로 쌓고 1지를 움켜잡은 후, 양손 2지로 네모(달력 크기)를 그린다.

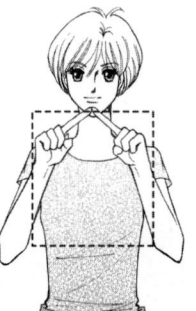

달리다

양손 주먹(또는 손바닥)을 달리듯 움직인다.

닭

손가락 사이가 조금 벌어지게 편 오른손 1지를 이마 중앙에 대고 손끝을 살짝 흔든다.

닮다
오른손을 폈다가 이마에 대면서 모아잡는다.

담배
2, 3지로 담배를 쥔 듯이 하여 입에 댄다.

답답하다
주먹 쥔 오른손(손바닥 몸쪽)으로 가슴을 두 번 친다.

당선
오른 주먹(손바닥 몸쪽)을 수염을 잡는 모양으로 턱에 댔다가 위로 올린다.

당황하다

왼손 주먹 위에 오른손을 스치며 앞으로 내민다.

대구

왼 주먹을 오른 손바닥으로 닦는다.

대답하다

양손 끝을 모았다가 서로 교차(오른손은 전방, 왼손은 몸쪽)시키면서 편다.

대변

오른 2, 3지에 오른 1지를 허공에서 주사 놓듯 누른다.

대부분

왼손(손바닥 전방) 1, 2지를 펴고 오른손(손바닥 전방) 1, 2지를 왼손 1지에 올려놓았다가 오른 2지를 편다.

대신

2지만 편 양손을 손가락이 엇갈리게 마주대고 두 손을 붙인 채 180도 돌린다.

대전

크다 + 밭

1, 2지를 편 오른손을 왼쪽에서 오른쪽으로 이동시키고, 양손(손바닥 아래쪽) 2, 3, 4지를 교차시켜 "田" 모양을 만든다.

대통령

오른 손바닥을 목덜미에 댔다가 1지를 펴서 몸 앞에 세워 내민다.

대표

왼 손바닥 밑으로 1지를 펴서 오른손(손바닥 왼쪽)을 앞으로 내민다.

대학교

양손의 2지로 머리 위에 학사모 모양을 그리고, 편 양손(손바닥 몸쪽)을 어깨 뒤로 넘긴다.

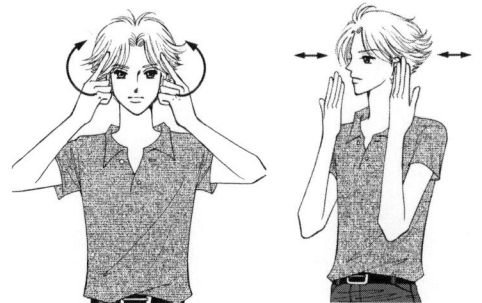

대학원

양손의 2지로 머리 위에 학사모 모양을 그리고, 모아잡은 오른손을 이마 오른쪽에서 펴면서 내리고, 편 양손(손바닥 몸쪽)을 어깨 뒤로 넘긴다.

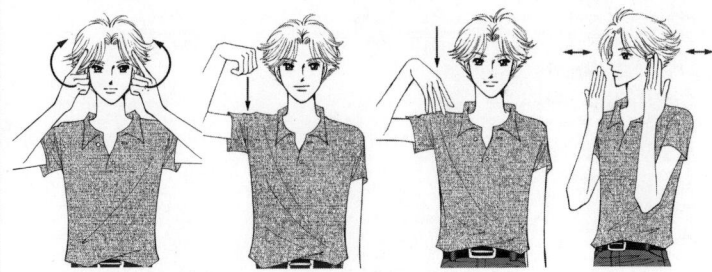

대화

양손(손바닥 마주)을 교대로 오므렸다 펴면서 좌우로 움직인다.

더럽다

오른손의 2지를 콧등의 오른쪽에서 왼쪽으로 스치며 구부린다.

덥다

벌린 양손 끝을 얼굴 쪽으로 향하고 위 아래로 움직인다.

도서관

책 + 읽다 + 집
양 손바닥을 책을 펴듯 펼치고, 왼 손바닥을 향한 오른 2, 3지 끝을 위에서 아래로 움직이고, 오른손을 구부려 내린다.

도시

손바닥을 마주 붙인 모양에서 오른손을 위로 올린다.

도장

오른손 1지를 왼 손바닥에 도장 찍듯 누른다.

독

오른손의 2지 끝을 오른쪽 입 끝에 대며 머리를 약간 왼쪽으로 젖힌다.

독립

오른 2지 끝을 가슴에서 그어 올린 후, 왼 손바닥에 오른손의 2, 3지를 세운다.

독수리

오른 1, 2지(손바닥 전방)로 독수리의 부리 모양을 만들어 입에 대고, 새가 날아가는 동작을 한다.

돈

"ㅇ" 모양을 살짝 흔든다.

돌

오른 손끝을 입에 댔다가 왼 손바닥에 강하게 내리친다.

돕다

왼손의 1지만 펴서 세운 등을 오른 손바닥으로 살짝 민다.

동

양손(손바닥 전방)의 1, 2지를 펴서 위로 올린다.

동기

오른 2지(손바닥 전방)를 아래서 위로 손목을 돌리면서 튕겨 올린다.

동물

양손 주먹을 동물이 기어가듯 돌린다.

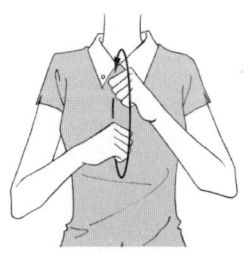

동물원

동물+장소

주먹을 쥔 양손을 가슴 앞에서 엇갈리게 돌린 후, 오른손을 약간 구부려 몸 앞에서 내린다.

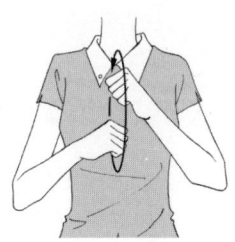

동사무소

"C" 모양을 한 오른 손끝으로 왼쪽 어깨에서 오른쪽 옆구리까지 어깨띠처럼 긋는다.

동시

양손 2지를 몸 앞에서 각각 튕겨 위로 올리며 세운다.

동안

양손 "ㅇ"을 서로 붙였다가 옆으로 벌린 후, 손바닥을 펴서 마주보게 해서 수직으로 내린다.

동양

오른손의 2지로 콧등을 약간 누르듯 하여 위에서 아래로 스쳐 내린다.

동전

쇠+돈

오른 1지를 치아를 살짝 깨물고, 오른손 "ㅇ" 모양을 내민다.

동의
오른손의 2지를 이마 오른쪽에 댔다가 양손의 1, 2, 3지를 모아 붙인 채로 몸 앞에서 일치시킨다.

동창
양손을 주먹을 쥔 채로 1, 2지 끝을 서로 붙이고 옆으로 벌렸다가 그대로 수직으로 내린다.

돼지
오른손 "ㅇ" 모양을 코 앞에서 빙빙 돌린다.

되다
바닥을 앞으로 향하게 편 오른손을 돌려 세운다.

된장국

썩다+국
갈색+국
오른손(손바닥 위쪽)을 오목하게 구부려 접시 모양으로 돌린다.

두꺼비

주먹을 쥔 양손으로 교대로 배를 친다.

두렵다

양손을 편 채로 1지를 몸에 위 아래로 붙이고 손가락을 움직인다.

뒤

오른손을 펴서 어깨 너머로 넘긴다.

듣다

오른손 2지(손바닥 얼굴쪽) 끝을 구부려 오른쪽에서 귀를 향해 흔든다.

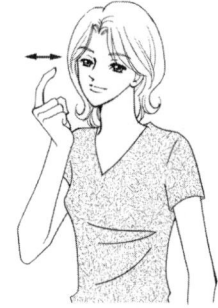

들어가다

양손 2지 끝을 마주하고 양손을 동시에 반원을 그리며 앞으로 이동시킨다.

따뜻하다

자연스럽게 편 양손을 배 부분에 대고 스쳐 올린다.

딱딱하다

오른손 1, 2지를 "C" 모양으로 구부려 강하게 두 번 내려치듯 한다.

딸
오른 5지 등으로 배를 문질러 내민다.

딸기
오른 2지를 입술에 스친 후, 오른손 끝을 모아서 코를 두드린다.

땅
양손(손바닥 아래쪽)의 손가락 끝을 1지에 대고 비빈다.

땅콩
오른 2지를 왼손으로 감싸쥐고 오른손을 비비며 돌린다.

때문에

왼 주먹(손바닥 몸쪽)에 오른 손바닥을 댔다가 뗀다.

떨어지다

왼 손바닥에서 오른 2, 3지를 세웠다가 아래로 떨어지듯 내린다.

떡

계란을 쥔 듯한 왼손(손바닥 몸쪽)의 가운데에 반쯤 구부린 오른손의 2지를 내리치며 넣었다 뺐다를 한다.

똑똑하다

구부린 오른손 2, 3지 끝을 얼굴쪽으로 향하게 하고 얼굴의 왼쪽에서 오른쪽으로 빠르게 이동시킨다.

뛰다

양손을 펴고 뛰는 모양을 한다.

뜨겁다

오른손을 왼 손바닥에 대었다가 힘 있게 빠른 동작으로 뗀다.

라디오

전기 + 소리 + 네모
양손 2지를 대고 구슬 튕기듯 한 후, 오른 2지를 귀에 대고 흔들고 네모를 그린다.

라면

닭+국수
편 오른손의 1지를 이마 중앙에 대고 손가락을 흔든 후, 양손 2, 3지로 국수를 먹는 시늉을 한다.

레슬링

오른손 1지를 거꾸로 해서 왼 손바닥에 대고 비빈다.

로마

반쯤 구부린 오른손 (손바닥 얼굴쪽)의 1지를 턱 중앙에 댄다.

마늘

오른 손바닥을 오목하게 해서 2지를 펴서 세운 왼손 주위에 마늘쪽이 붙어 있듯이 돌려가며 댄다.

마라톤

멀다+달리다

주먹 쥔 양손의 1, 2지를 붙였다가 오른손을 반원을 그리며 앞으로 내민 후, 달리는 시늉을 한다.

마산

왼손 1지에 오른손 2, 3지를 벌려서 말타듯 올려 놓고 움직인 후, 오른손 3지를 펴서 내민다.

마시다

오른손으로 컵을 쥐고 물을 마시는 동작을 한다.

마음

오른손 2지로 편 왼손의 손등과 손바닥을 차례로 짚는다.

마음에 들다

오른손 2지를 목젖 부분에 댔다가 왼손 2지 끝에 댄다.

마음에 들지않다

오른손 2지를 목젖 부분에 댔다가 왼손 2지 끝을 스쳐서 강하게 내린다.

마지막

왼 손등 위에 오른 1지(손바닥 왼쪽)를 세운다.

막걸리

쌀 + 짜다 + 술

구슬을 튕기듯 오른손 1, 3지로 치아를 튕기고 양손으로 짜낸 후, 오른손 2, 3지를 펴서 턱과 이마에 차례로 댄다.

막내

왼손 등에 오른손 1지를 세워서 올려 놓는다.

막다

왼손(손바닥 전방)을 세우고 오른 손끝을 모아 왼 손바닥 중앙에 댄다.

만나다

양손 2지를 세워 가슴 앞에서 마주보게 만난다.

만두

왼 손바닥 위에 오른손 끝을 구부려 올려놓았다가 오른손을 돌리면서 위로 손끝을 모은다.

만들다

오른손 주먹을 왼손 주먹 위에 두드린다.

만약
오른손(손바닥 전방) "ㅇ" 모양을 볼에 댔다가 왼손(손바닥 몸쪽) 손등에 댄다.

만화
왼 손바닥에서 손끝 방향으로 오른손(손바닥 전방) 2, 3지를 스치는 동작을 반복한다.

많다
편 양손을 수를 세듯 손가락을 차례로 구부려 주먹 쥐는 동작을 한다.

말
왼손 1지에 오른손 2, 3지를 벌려서 말타듯 올려 놓고 움직인다.

말하다

양손(손바닥 마주)의 2지를 입 가까이에 대고 교대로 앞뒤로 움직인다.

맛없다

오른손 주먹(손바닥 몸쪽)을 턱의 왼쪽에서 오른쪽으로 이동시킨 후, 털어 내린다.

맛있다

오른손 주먹(손바닥 몸쪽)을 턱의 왼쪽에서 오른쪽으로 이동시킨다.

망설이다

반쯤 구부린 양손(손바닥 몸쪽)을 배의 좌우에 댄다.

망신
얼굴+깨뜨리다
오른손 2지로 얼굴을 향해 한 바퀴 돌리고 오른 2, 3지를 왼손에서 밖으로 빼낸다.

망하다
양손 주먹을 손목을 꺾어 아래로 내린다.

맞다
오른손(손바닥 왼쪽)을 펴 세워서 1턱 중앙에 갖다 댄다.

맞추다
오른손 2지를 펴서 왼손(손바닥 몸쪽) 2, 3지 사이로 통과시켜 내민다.

매일
양손 "ㄴ" 모양의 손을 몸 앞에서 위 아래로 동시에 흔든다.

맥주
O + B(영어지화) + 술
영어지화 OB를 쓰고 오른손(손바닥 얼굴쪽) 2, 3지를 턱과 이마에 차례로 댄다.

맵다
가볍게 쥔 오른손(손바닥 얼굴쪽)을 입 가까이에 대고 빙빙 돌리며 입김을 내뿜는다.

맹장
오른손 2, 3지로 양쪽 눈을 감기우고 오른손 2지로 맹장 부위(오른쪽 옆구리)를 짚는다.

먹다

오른손을 펴서 먹는 동작을 한다.

멀다

양손 1, 2지를 서로 댔다가 오른손을 앞으로 내민다.

멈추다

양손을 펴서 "C" 모양으로 앞으로 향했다가 전진시키면서 모아잡는다.

멋

오른 2지(손바닥 얼굴쪽)를 코끝부터 앞으로 내밀면서 구부린다.

며칠
얼굴 오른쪽에서 손가락을 꼽는다.(손바닥 전방)

~면
왼손(손바닥 몸쪽) 등에 오른 "ㅇ" 모양을 댄다.(오른 손바닥 전방)

명동
오른 주먹으로 턱 밑에 대고 약간 흔드는 시늉을 한다.

모기
오른손 3지로 얼굴을 찍고 손바닥을 얼굴에 댄다.

모두

편 양손(손바닥 아래쪽)을 옆으로 나란히 붙였다가 각각 반원을 그리며 아래로 내려 붙인다.(손바닥 위쪽)

모레

오른손 2, 3지를 펴 얼굴 옆에서 앞으로 내민다.

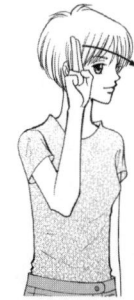

모르다

오른 손바닥 끝으로 오른쪽 어깨를 스쳐 올린다.

모방하다

오른손을 "C" 모양을 그대로 이마에 대면서 모아 잡는다.(손끝 왼쪽)

모양

1, 2지만 펴서 세운 양손을 얼굴 높이에서 엇갈리게 상하로 움직인다.

모이다

반쯤 구부린 양손을 밖에서 안으로 모은다.

모자

오른손으로 모자챙을 잡아서 모자 쓰는 동작을 한다.

목공

왼손 팔뚝을 오른손(손바닥 위로) 끝으로 깎아 올리듯 스쳐올린다.

목마르다

오른손 2지로 목을 짚고 나서 양손의 1, 3지에 풀이 묻은 것처럼 붙였다 뗐다를 반복한다.

목사

오른손 1, 2지를 펴 2지를 입의 오른쪽과 이마 오른쪽에 대고 1지를 세워 앞으로 내민다.

목요일

양손(손바닥 몸쪽) 1, 2지를 턱 앞에서 위아래로 부딪치게 교차시킨 후 양손(손바닥 전방) 1, 2지를 세워 동시에 위로 올린다.

목적

가볍게 주먹을 쥔 왼손(손바닥 몸쪽) 가운데에 자연스럽게 구부린 2지를 위에 넣는다.

몸

왼 손바닥을 몸에 대고 오른손 2지로 몸 앞에서 빙빙 돌린다.

몸살

몸+감기, 몸+춥다

왼 손바닥을 몸에 대고 오른손을 펴서 몸 앞에서 빙빙 돌린 후, 오른손(손바닥 아래쪽) "ㅇ" 모양을 코 가까이 대었다 앞으로 내미는 동작을 한다.

못생기다

손끝을 모았다가 얼굴 쪽으로 쫙 편다.

못하다

오른 1, 2지로 볼을 살짝 잡는다.

무겁다
왼 손바닥에 오른손 (손바닥 위쪽)을 올려 놓고 무거운 듯 아래로 내린다.

무너지다
양손 주먹을 아래로 꺾어 내린다.

무덤
왼손(손바닥 위쪽) 1지를 펴서 눕히고 오른손으로 왼손을 덮는 듯 왼쪽으로 이동시킨다.

무료
양손을 펴서 이마에 포개어 대었다가 동시에 양쪽으로 벌리며 내려놓는다.

무섭다
양손을 편 채로 1지를 몸에 위 아래로 붙이고 손가락을 움직인다.

무시하다
오른손으로 코를 잡았다가 세운 왼손(손바닥 오른쪽) 1지에 버리는 동작을 한다.

무식하다
편 오른손 1지 끝을 이마 오른쪽에 댄 채로 손끝을 모아 붙인다.

무엇을
오른손 2지 끝을 몸 앞에서 좌우로 살짝 흔든다.

무조건

양손 2지로 "X" 모양을 만들어 왼쪽 아래로 비스듬히 내린다.

무지개

오른손(손바닥 몸쪽) 1, 2, 3지를 좌에서 우로 반원을 크게 그리며 움직인다.

문

양손(손바닥 전방)을 펴서 나란히 붙이고 문을 열듯 몸쪽으로 돌리며 두 손(손바닥 마주)을 마주 세운다.

문병

병 + 위로 + 방문

오른손을 펴서 이마에 대고 왼손 1지를 오른손으로 문지른 후, 왼손 집모양에 오른 2지를 넣는다.

문장

양손(손바닥 몸쪽) 끝을 모아 부딪히며 오른쪽으로 움직인다.

문제

왼 손바닥 위에 오른손 1, 2, 3지를 펴고 왼 손바닥에 오른 1지를 댄 채로 손끝을 모아 잡는다.

묻다

오른손 2지를 이마 오른쪽 옆에 댔다가 손을 펴며 앞으로 내민다.(손바닥 위쪽)

물

1, 2지로 "C" 모양을 해서 손을 입에 대고 물 마시듯 한다.(손바닥 왼쪽)

물건

왼 손바닥에 편 오른손의 1지를 스쳐 내리듯 하는 동작을 반복한다.

물고기

오른 손목을 왼손으로 잡고 물고기가 앞으로 나가듯 손끝을 좌우로 움직인다.

물론

오른손 2지만 펴서 입에 댔다가 1, 2, 3지를 모아 잡는다.(손바닥 전방)

뭐가 뭔지 모르겠다

손가락 끝을 코에 대고 살짝 움직인다.

미국

오른손 2, 3지를 눈 밑에서 비비듯 움직인 후, 양손을 펴서 공을 쥐듯 손목을 살짝 돌린다.

미남

오른 2지로 얼굴을 한 바퀴 돌리고 양손(손바닥 마주) 1지를 나란히 댔다가 오른손만 앞으로 내민다.

미녀

오른 2지로 얼굴을 한 바퀴 돌리고 양손(손바닥 몸쪽) 5지를 나란히 댔다가 오른손만 앞으로 내민다.

미래

손(손바닥 전방)을 펴서 얼굴 옆에 세웠다가 앞으로 내민다.

미루다

손끝을 붙인 양손(손바닥 아래쪽)을 몸 앞에서 오른쪽으로 동시에 옮긴다.

미술

왼 손바닥에 오른 손등(손바닥 몸쪽)을 두 번 오른쪽으로 스친다.

미안합니다

"ㅇ" 모양을 이마 중앙에 댔다가 펴면서 앞으로 내린다.

미용

오른손 2, 3지를 왼 손바닥으로 감싸쥐고 오른손을 좌우로 살짝 돌린다.

미움

오른손 2, 3지 끝을 세운 왼손 1지에 향했다가 오른손을 몸쪽으로 당기면서 2, 3지를 구부린다.

믿음

왼 손바닥(손바닥 오른쪽)에 오른손 "G" 모양(손바닥 아래쪽)을 붙인다.

바꾸다

2지만 편 양손(손바닥 마주)을 몸 앞에서 교차시킨다.

바나나

왼손(손바닥 몸쪽) 손끝을 모아 세운 다음 오른손으로 바나나 껍질을 길게 벗기는 시늉을 한다.

바다

짜다+파도

오른손 2지를 입 오른쪽에 대고 짠 표정을 지은 후, 양 손바닥(손바닥 아래쪽)을 펴서 파도치는 시늉을 한다.

바람

양 손바닥으로 동시에 몸쪽으로 바람을 일으키는 동작을 반복한다.

바르다

오른 손바닥을 구부려 "ㄷ" 모양이 되게 해서 입에 대고 오른쪽으로 움직인다.

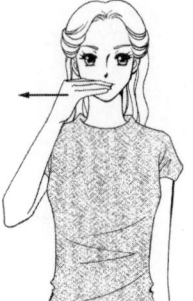

바쁘다

양 손바닥(손바닥 위쪽)을 몸에 대고 번갈아 상하로 움직인다.

바위

오른 손끝을 입에 댔다가 왼 손바닥에 강하게 내리친 후, 바위 크기를 손으로 나타낸다.

박사

오른손 2지를 이마 오른쪽에 댔다가 왼손 손바닥을 구부린 "ㄷ" 모양(손바닥 몸쪽) 사이에 오른손(손바닥 몸쪽)을 펴서 왼쪽으로 강하게 끼워 넣는다.

밖

왼손(손바닥 몸쪽)을 세우고 오른손 2지로 왼손 너머를 가리킨다.

반갑다

양손을 펴서 가슴에 대고 위 아래로 번갈아 흔든다.

반대

오른손 2지를 이마 오른쪽에 댔다가 양손의 손등을 몇 번 부딪힌다.

반찬

오른손으로 먹는 시늉을 한 후, 오른 1, 2지만 붙였다 뗐다를 반복하여 오른쪽으로 이동시킨다.

받다

양손(손바닥 위쪽)을 펴서 내밀었다가 몸쪽으로 끌어당긴다.

발

얼굴 앞에서 양손 주먹을 위 아래로 두고 팔을 비튼다.

발생
왼손 손바닥을 구부린 "ㄷ" 모양(손바닥 몸쪽) 사이로 오른손(손바닥 몸쪽)을 펴서 아래서 위로 밀어올린다.

발전
양손을 몸 앞에서 교차시켜 부딪히며 올린다.

발표하다
왼 손바닥에 오른손의 2지를 대고 안에서 바깥쪽으로 돌려 내민다.

밝다
양손(손바닥 얼굴쪽)을 얼굴 앞에서 포갰다가 좌우로 벌린다.

밤

양손(손바닥 전방)을 얼굴 앞에서 포갠다.

밤색

오른손 1, 5지만 편 주먹(손바닥 얼굴쪽)을 턱에 대고 상하로 약간 움직인다.

밥

왼손(손바닥 위쪽)을 받치고 오른손으로 먹는 시늉을 한다.

방

양손을 펴서 4면(전후 좌우)을 차례(|→二)로 표현한다.

방문

양손으로 "ㅅ" 모양을 한 뒤에 오른손 2지로 집에 들어가듯 표시한다.

방학

양손(손바닥 아래쪽)을 나란히 붙이고 문지르면서 왼쪽으로 움직인다.

방해

오른손(손바닥 아래쪽) 손끝으로 오른쪽 이마에 대고 머리를 약간 왼쪽으로 민다.

밭

왼손(손바닥 아래쪽) 2, 3, 4지에 오른손(손바닥 아래쪽) 2, 3, 4지를 올려서 "田" 모양이 되게 한다.

배

양손(손바닥 위쪽)으로 배 모양을 만들어 앞으로 내민다.

배

오른손을 구부린 손끝으로 주먹 쥔 왼손을 두드린다.

배고프다

양손 1지를 배에 대고 편 손끝을 붙이며 배가 들어가는 시늉을 한다.

배부르다

양손 1지를 배에 대고 손끝을 모아 붙였다가 배가 불러오는 것처럼 손끝을 편다.

배우다

오른손의 2지 끝을 코를 향해 찌르는 동작을 반복한다.

백수

양손 2지를 동시에 앞뒤로 흔든다.

백화점

1, 2, 3지를 붙여 백을 나타낸 양손을 가슴 앞에서 수평접시 모양으로 엇갈리게 돌린 후 양손을 펴서 손바닥을 마주댔다가 오른손을 스쳐올린다.

뱀

왼 손바닥 밑에서 오른손 1지만 편 채 앞으로 향하게 하여 뱀이 꿈틀거리는 모양으로 오른손만 앞으로 내민다.

버릇

오른손 3지를 왼손 손등에 댔다 떼면서 재빨리 오른손 손바닥으로 왼손 등을 때린다.

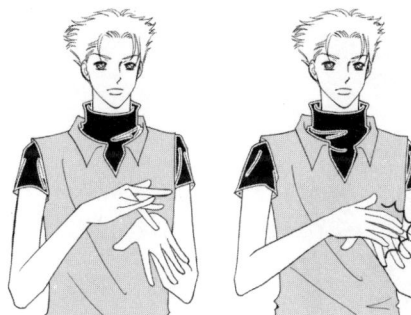

버리다

모아 잡았던 손끝을 비스듬히 펴면서 내린다.

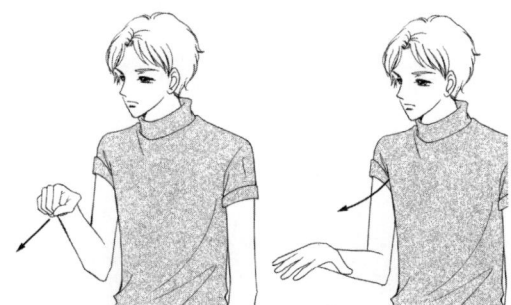

버스

왼손(손바닥 아래쪽) 위에서 "ㅁ" 모양의 오른손(손바닥 왼쪽, 손끝 전방)을 앞뒤로 움직인다.

번개

양손 "ㅁ" 모양을 나란히 몸 앞에서 붙였다가 힘 있고 빠르게 2, 3지를 펴면서 번개 모양을 그린다.

번호

오른손 2, 3, 4, 5지를 차례로 편다.

벌(곤충)

오른 손바닥을 입 앞에서 빙빙 돌리고, 오른손 3지로 얼굴을 찍고 손바닥을 얼굴에 댄다.

벌

1지를 세운 왼손 등을 오른손으로 꼬집어 비튼다.

벌금

벌 + 돈

1지를 세운 왼손 등을 오른손으로 꼬집어 비틀고, 오른손으로 "ㅇ" 모양을 내민다.

벌다
오른손 "ㅇ" 모양으로 왼 손바닥을 안쪽으로 쓸어들인다.

벌레
오른손 5지만 펴서 꿈틀거리며 왼쪽으로 전진시킨다.

벌써
주먹 쥔 왼손(손바닥 아래쪽)위에 주먹 쥔 오른손을 올려놓으며 2지를 편다.

범인
범하다+사람
오른 2지를 목에 문지르고 양손 1, 5지를 펴서 벌린다.

법

"ㅁ" 모양의 오른손(손바닥 왼쪽, 손끝 전방)을 왼 손바닥에 강하게 내려놓는다.

변덕

왼 손바닥 위에 오른손 손바닥을 맞댔다가 오른손을 뒤집는 동작을 반복한다.

변호사

통역+판사
오른 1지를 입 앞에서 좌우로 흔든 후, 양손 1지를 세워 몸 앞에서 상하로 흔든다.

별

오른손 끝을 모아 물을 뿌리듯 하면서 오른쪽으로 이동시킨다.

병
자연스럽게 편 오른손 (손바닥 왼쪽)을 이마 중앙에 댄다.

병원
왼손(손바닥 몸쪽) 손등에 오른손 2, 3지로 짚고 손끝을 "ㅅ" 모양으로 붙여 세운다.

보너스
월급 + 더욱
양손을 "C" 모양으로 쌓았다가 아래에 있던 오른손을 왼손 위로 올려놓는다.

~보다
양손 2지(손바닥 몸쪽)를 세우고 엇갈리게 위 아래로 움직인다.

보다

양손을 "ㅇ" 모양으로 안경알처럼 눈에 댔다가 그대로 앞으로 내민다.

보라(색)

양손 "ㅇ" 모양을 손목을 구부렸다가 펴는 동작을 반복해서 밑으로 내린다.

보여 주다

오른손(손바닥 아래쪽) "ㅇ" 모양을 눈 밑에 댔다가 손을 펴서(손바닥 위쪽) 상대쪽으로 내민다.

보이다

반쯤 구부린 오른손을 앞으로 내밀며 모아잡는다.

보증금
양손을 포갰다가 오른손으로 "ㅇ" 수화를 한다.

보통
1, 2지를 편 양손(손바닥 아래쪽)을 마주댔다가 양쪽으로 벌린다.

보험
오른손 2, 3지로 코에 가까이 댔다가 뗐다가 한다.

보호
2, 3지를 반쯤 구부려 눈 앞에서 빙빙 돌린다.

복

오른손으로 턱을 쓰다듬는 시늉을 한다.

복사

왼 손바닥을 위로 펴고 오른손(손바닥 아래쪽)을 그 위에서 올리며 모아 잡는다.

복숭아

달걀을 쥔 듯한 왼손 주먹을 오른손으로 감싸고 1지만 왼손 중앙에 누르는 동작을 반복한다.

복습

다시 + 연습

오른손(손바닥 몸쪽) 2, 3지를 동시에 튕기며 펴면서 왼쪽 아래로 내린 후, 오른손을 반쯤 구부려(손바닥 전방) 입 앞에서 돌린다.

복음

복+소리

오른손으로 턱을 쓰다 듬는 시늉을 한 후, 오른손 2지 끝을 귀에 두 번 가까이 댄다.

볼링

오른손으로 볼링공에 손을 끼운 모양 3, 4지만 구부린 모양으로 공을 던지는 시늉을 한다.

볼펜

오른손 1지만 세워서 굽혔다 폈다 한다.

봄

왼 손바닥으로 배를 스쳐 올린다

봉사

오른손(손바닥 위쪽)으로 배를 오른쪽으로 문지르고 양손을 펴서 (손바닥 위쪽) 앞으로 내민다.

봉투

오른손에 봉투를 쥐고 있는 시늉을 하며 입김을 불어넣는다.

부끄럽다

오른손(손바닥 전방) "ㅇ" 모양을 왼쪽 볼에 댄다.

부럽다

오른손 2지만 펴서 입 가에 댄 다음 침 흘리듯 아래로 문지른다.

부르다

세운 왼손 1지를 오른손으로 부르는 시늉을 한다.

부모

오른손 2지 끝을 오른쪽 볼에 댔다가 떼면서 1, 5지만 펴서 내민다.

부산

양손(손바닥 몸쪽) 1, 2지를 펴고 양손 2지를 교차시켜서 X 모양으로 두드린다.

부엉이

양손(손바닥 마주)을 주먹 쥐고 눈 앞에 댔다가 눈을 부릅뜨며 "O" 모양으로 만든다.

부자
오른손 "ㅇ" 모양을 펴면서 왼쪽 어깨에 강하게 붙인다.

부족하다
오른손 1, 2지로 코를 잡았다가 2지로 코를 넘겨 1지와 붙인다.

부지런하다
1지를 세운 양손을 양쪽 옆구리에서 앞으로 천천히 힘주며 내민다.

부탁하다
왼손 1지를 펴서 세우고 오른손은 왼손을 향해서 자연스럽게 편 채로 아래 위로 흔든다.

~부터
오른손(손바닥 왼쪽)을 펴 우에서 좌로 움직인다.

부활
양손(손바닥 전방) 2지를 펴서 눕혔다가 수직으로 세운다.

북
양손(손바닥 몸쪽) 1, 2지를 펴고 주먹을 나란히 붙인다.

분위기
왼손 1지를 세우고 오른손으로 주위를 한바퀴 돌린다.

분필

희다+쓰다
오른손 2지로 치아를 가리키고 쓰는 시늉을 한다.

분홍

오른손 2지를 입술 밑에 문지르면서 1, 3지를 튕긴다.

불

양손을 펴고(손바닥 몸쪽, 손끝 위쪽) 손가락을 움직인다.

불고기

1, 2지를 편 양손의 1지를 양쪽 이마 옆에 댄 후, 젓가락으로 고기 뒤집는 시늉을 양손 2, 3지로 한다.

불교

목탁 + 종교
왼손을 오른손의 2지로 목탁 두드리듯 한 후, 오른손으로 "ㅈ" 모양을 하여 왼손 안쪽에 두드린다.

불법

왼손(손바닥 위쪽)을 펴고 밑에 오른손(손바닥 왼쪽) "ㅁ" 모양을 댔다 떼는 동작을 두 번 한다.

불안하다

왼손을 펴서 가슴 앞에 세우고 오른손을 그 사이에서 전후로 살짝 움직인다.

불편하다

주먹 쥔 왼팔의 팔뚝을 반쯤 구부려 잡은 오른손으로 긁듯이 움직인다.

불평하다

반쯤 구부린 손등을 턱 왼쪽에 대고 손가락을 오므렸다 폈다를 반복한다.

불합격

왼손 1지를 오른 손바닥으로 내리친다.

불행

복+없다

턱을 쓰다듬고 손을 얼굴쪽으로 쫙 편다.

불확실

양 손가락을 자연스럽게 벌려(손바닥 얼굴쪽) 얼굴 앞에서 아른아른하게 움직여 보인다.

붕대

흰색+감다

오른손 2지로 치아를 가리키고 왼손 팔뚝을 오른손으로 감아올리 듯 시늉한다.

비

오른손 1, 2지로 물 마시듯 한 후, 양손을 펴서(손끝 아래쪽) 비가 내리듯 움직인다.

비교

양손 2,3지를 펴(손바닥 몸쪽) 위로 향하게 한 다음 엇갈리게 상하로 움직인다.

비기다

양손 "O" 모양을 몸 앞에서 마주댄 채(손바닥 몸쪽)로 위 아래로 움직인다.

비닐

오른손 2, 3지에 입김으로 불면서 손가락을 움직인다.

비둘기

편지 + 새

왼 손바닥을 오른손 2, 3지로 치고 양손으로 새가 날아가는 모양을 한다.

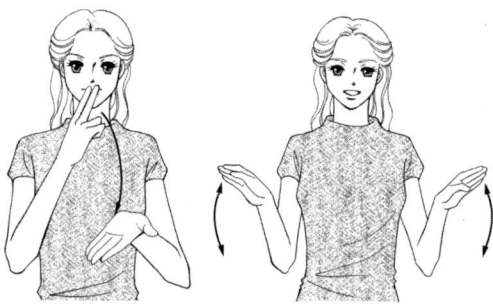

비밀

왼 손바닥(손바닥 오른쪽)을 오른손 끝으로 살짝 긁는다.

비빔밥

왼 손바닥(손바닥 위쪽)에 오른 주먹(손바닥 왼쪽)으로 좌우로 움직여 밥을 비빈 다음, 오른손으로 떠먹는 시늉을 한다.

비싸다
왼손 손바닥 위에 오른손 "ㅇ"모양을 댔다가 위로 빠르게 들어올린다.

비행기
1, 5지만 편 오른손(손바닥 아래쪽)을 왼쪽 위로 올린다.

빌리다
오른손(손바닥 위쪽)을 앞으로 내밀었다가 몸쪽으로 당기며 모아 잡는다.

빛
오른손 끝을 모았다가 펴면서 왼쪽 아래로 내린다.

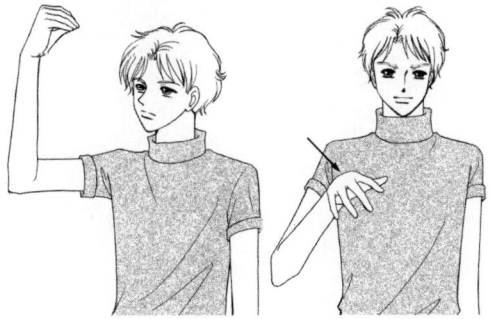

빠르다

오른손(손바닥 아래쪽)을 왼쪽으로 옮기면서 오른 1지를 튕긴다.

빨강

오른손 2지를 아랫 입술에 대고 오른쪽으로 스친다.

빨리

1, 2지를 붙이면서 오른손(손바닥 위쪽)을 아래서 위로 빠르게 올린다.

빵

왼 손바닥에 오른 손 끝을 모아 댔다가 오른손을 올리면서 손을 벌려 빵이 부풀어오르는 모양을 나타낸다.

뼈
왼손 손등을 오른손 1, 2지로 튕긴다.

사격
총을 쥐고 사격하는 자세를 보인다.

사과
오른 2지를 입술에 문지른 후, 왼 주먹을 오른 손바닥으로 닦는다.

사다
오른손 "ㅇ" 모양을 왼 팔뚝 너머로 넘기면서 손을 편다.(손바닥 아래쪽)

사라지다

양손(손바닥 전방) "o" 모양을 몸 앞에서 부딪히며 손을 편다.

사람

1, 5지를 편 양손을 마주 대었다가 좌우로 벌린다.

사랑

왼손을 주먹(손바닥 오른쪽)을 쥐고 오른손을 펴서 왼손에 대고 접시 방향으로 돌린다.

사용하다

왼 손바닥 위에 오른손 "o" 모양을 스치며 앞으로 내미는 동작을 반복한다.

사이다
오른 2지로 치아를 가르키고 주먹 쥔 왼손 위에 오른손의 2, 3지만 펴서 대고 병마개를 열 듯 위로 올린다.

사자
양손 구부려 얼굴 양쪽에 손끝을 댔다가 (손바닥 뒤쪽) 손목을 아래로 돌려 손가락 끝이 앞으로 향하게 한다.

사장
양손 "ㅁ" 모양을 번갈아 앞뒤로 흔들고, 오른 1지를 세워 내민다.

사전
왼손 "C" 모양 밑으로 오른 2지를 스쳐 내민다.

사진
가볍게 주먹 쥔 왼손(손바닥 오른쪽)의 5지 쪽을 편 오른 손바닥(손바닥 얼굴쪽)으로 스치듯 위에서 아래로 내린다.

사춘기
1지와 5지를 옆머리에 대고(손끝 위로) 아래로 내린다.

사탄
왼 손등 위에 오른손 3지(손바닥 아래쪽)를 대고 향는 동시에 앞으로 내민다.

사탕
오른손 "ㅇ" 모양을 혀로 밀어 볼록한 볼에 갖다 댄다.

사회
1, 5지만 펴서 세운 양손을 가슴 앞에서 마주댔다가 각각 반원을 그리며 아래에서 마주 붙인다.

산
3지만 편 손(손바닥 몸쪽, 손끝 위쪽)을 세운다.

살
오른손의 1, 2지로 왼손 등을 살짝 집어올린다.

살다
1, 2지를 편 양손(손바닥 전방, 손끝 위쪽)을 세워 시계 방향으로 빙빙 돌린다.

삼위일체

왼손 2, 3, 4지를 오른손으로 잡아 위로 올리며 2지만 펴서 세운다.

삼촌

왼손 2, 3, 4지를 펴고 (손바닥 몸쪽) 오른손 2지 끝으로 "ㅊ" 자를 쓴다.

삼키다

반쯤 움켜쥔 오른손 (손바닥 몸쪽)을 목 앞에서 아래쪽으로 잡아 내린다.(손바닥 아래쪽)

상

양손 1, 5지를 펴고 왼손 5지에 오른손의 1지를 붙여서 앞으로 내밀면서 올린다.

상처

양손 2지(손바닥 아래쪽)로 얼굴 쪽을 향해서 턱선에 나란하게 긋는 동작을 엇갈리게 반복한다.

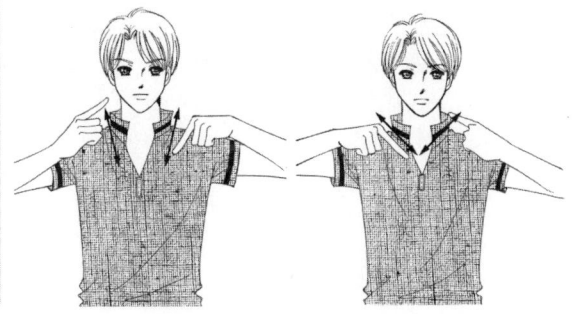

새

양손으로 날개짓하듯 움직인다.

새벽

주먹을 쥔 오른손(손바닥 전방)을 옆머리에 댔다가 아래로 내린다.

색깔

오른손을 반쯤 움켜쥐고 턱밑에 댄 오른 1지를 축으로 좌우로 살짝 움직인다.

생명
오른 2, 3지를 코 끝을 향해서 두 번 움직인다.

생선
오른 손목을 왼손으로 잡고 오른손 손목(손바닥 왼쪽)을 세워서 움직인다.

생일
양손을 펴서 배에 댔다가(손바닥은 마주하고 손끝은 아래쪽) 아래로 내린 후, 양손 1, 2지를 펴서 아래서 위로 올린다.(손바닥 전방, 손끝 위쪽)

생활
양손 1, 2지를 펴고(양손바닥 전방) 오른쪽으로 돌린다.

서
양손의 1, 2지를 펴서 아래로 내린다.(손바닥 몸쪽, 손끝 아래쪽)

서다
왼 손바닥 위에 오른손 2, 3지를 세운다.

서로
양손 2지만 편 주먹과 손바닥이 90도로 교차하도록 좌우로 각각 돌려 댄다.

서양
오른손의 2지로 서양인의 코처럼 높게 그린다.

서울
오른손 2, 3, 4지(손바닥 몸쪽)를 펴서 입술 밑에 댄다.

석가
양손 "ㅇ" 모양을 오른 어깨와 왼쪽 옆구리 앞에서 불상처럼 정지한다.

선물
왼손 2, 3지의 등 위에 오른손 2, 3지를 올려놓았다가 뒤집어 몸쪽으로 당긴다.

선배
양 손등을 대고 윗쪽 손(손바닥 위쪽)을 위로 올린다.

선생님
주먹을 쥔 왼손(손바닥 오른쪽) 손목을 편 오른손 2, 3지(손바닥 왼쪽)로 두드린다.

선풍기
반쯤 구부린 오른손 팔목을 왼손으로 잡은 후 오른손을 좌우로 돌린다.

설립하다
왼손 주먹(손바닥 오른쪽)에 오른손 주먹(손바닥 왼쪽)을 올려놓는다.

설명하다
양손 주먹(손바닥 얼굴쪽)을 대고 문지른다.

섬

왼손의 3지만 펴서 세운 손에 오른손(손바닥 위쪽)을 대고 문지른다.

성

반쯤 구부린 오른손(손바닥 얼굴쪽)을 코 앞에서 좌우로 움직인다.

성격

주먹을 쥔 왼 손등(손바닥 아래쪽) 위에 주먹을 쥔 오른손(손바닥 왼쪽) 올려 놓으며 오른손의 2지를 튕기듯 편다.

성경

하나님 + 책

왼손 주먹(손바닥 몸쪽)을 오른손으로 감싸 올려 오른 1지를 세워 내민 후, 양손을 합장했다가 책을 펴듯 벌린다.(손바닥 위쪽)

성공

손을 편 왼손을 대각선 방향으로 세우고 1지를 세운 오른손으로 왼 손바닥을 스치듯 위로 올린 후, 왼 손등 위에 오른 1지를 세워 놓는다.

성당

"C" + 집

영어 지문자 "C"를 표시한 후, 양손 끝을 "ㅅ" 모양으로 붙여 집 모양을 나타낸다.

성도

왼손 1, 2지를 구부려 이마 중앙에 대고, 오른손으로 몸 앞에서 "ㅅ" 모양으로 긋는다.

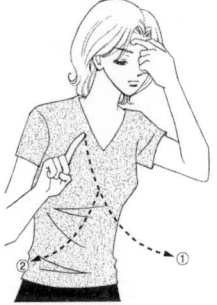

성장하다

양손(손바닥 아래쪽, 손끝 목방향)을 어깨에서 위로 천천히 올린다.

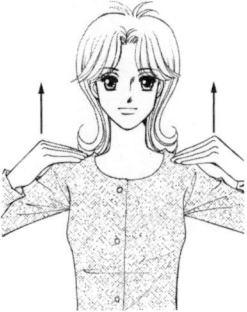

성적

가볍게 주먹을 쥔 손 (손바닥 몸쪽)을 턱 밑에 대고 살짝 움직인다.

성탄절

12월 25일

오른손 "C" 모양(손바닥 전방)으로 몸 앞 왼쪽에서 오른쪽으로 반원을 그린다.

세계

양손을 공 모양을 만들어 앞으로 돌린다.

세상

오른손을 1, 5지만 펴고 왼손은 반쯤 펴서 공을 만지듯 돌린다.

세우다

자연스럽게 편 양손의 끝을 "ㅅ" 모양으로 붙여 눕혔다가 세운다.

세탁기

양손으로 옷을 살짝 잡았다가 놓은 후, 오른손을 살짝 구부려 아래로 내려 왼손으로 손목을 잡고 빙빙 돌리고 양손 1, 2, 3지를 펴서 엇갈리게 앞으로 돌린다.

소개하다

1지만 편 손(손바닥 왼쪽)을 입 앞에서 좌우로 움직인다.

소망

손을 편 왼손을 대각선 방향으로 세우고 1지를 세운 오른손으로 왼 손바닥을 스치듯 위로 올린다.

소문
양손 1지를 앞뒤로 서로 스치기를 반복한다.

소변
오른손 1, 2, 3지를 펴고 털어내듯 흔든다.

소주
오른손 1, 2지로 코를 잡고, 2, 3지를 펴서 턱에 댔다가 이마에 갖다 댄다.

속다
오른손 1, 2지를 구부려 턱에 댔다가 빠르게 왼 손바닥에 내려놓는다.

손

자연스럽게 편 오른손으로 왼 손등을 두드린다.

손녀

손 + 딸

오른손으로 왼손을 두드린 후, 오른손 5지를 아랫배에 스쳐 내린다.

손자

손 + 아들

오른손으로 왼손을 두드린 후, 오른손 1지를 아랫배에 스쳐 내린다.

손해

오른손의 2지를 입술 아래에서 오른쪽으로 문지른 후, 왼 손바닥에 오른손 2지를 옆으로 긋는다.

솜
오른손 2지로 치아를 가리킨 후, 오른손으로 왼손에서 솜을 뜯어내 듯 잡아당긴다.

쇠
오른 1지 끝(손바닥 왼쪽)을 치아로 문다.

수고하다
주먹을 쥔 왼팔 중간 쯤을 주먹을 쥔 오른손(손바닥 왼쪽)으로 툭툭 친다.

수박
수박을 양손으로 들고 먹는 동작을 한다

수술

왼 손바닥을 펴고 그 위에 오른손 2지로 칼로 베듯 긋는다.

수영

왼팔 위에서 오른손 2, 3지(손바닥 위쪽)를 물장구치듯 움직이며 오른쪽으로 옮긴다.

수요일

1, 2지로 컵을 쥐고 입술에 댄다.

수원

오른손의 1, 2지를 컵을 쥐어 물을 마시듯 한 후, 반쯤 구부린 손을 끝이 아래로 향하게 하여 아래로 내린다.

수퍼

1지를 세운 왼손에 "ㅈ" 모양의 오른손(손바닥이 아래쪽, 손끝 전방)을 얹어서 두르린다.

수학

양손 손가락으로 수를 세듯 구부렸다 폈다 한다.

수화

양손 2지를 마주 향하게 하여 바퀴를 앞으로 굴리듯 돌린다.

숙녀

양손 2, 3, 5지(손바닥 몸쪽)를 펴고 "X" 모양으로 몸 앞에서 교차시켜 가슴에 댄다.

숙제

왼 손바닥 위에 오른손을 펴고 왼 손바닥에 오른 1지를 댄 채로 손끝을 몸쪽으로 당겨 잡는다.

순종

주먹을 쥔 오른 팔꿈치를 든 상태에서 옆구리에 천천히 붙인다.

술

2, 3지를 펴서 턱과 이마에 차례로 갖다 댄다.

숨다

왼손으로 오른손의 2, 3지를 쥐고 아래에 숨기듯 한다.

숲

편 오른손으로 뺨을 쓸어올린 후, 양손을 벌려 펴서 세운 양손을 상하로 엇갈리게 움직이며 양쪽으로 벌린다.

쉬다

양손(손바닥 위쪽, 손끝 전방)을 펴고 몸 앞에서 그대로 아래로 내린다.

쉽다

오른손 2지 끝을 입에 댔다가 왼 손바닥에 올려놓는다.

스님

대머리 + 사람
목탁 + 사람

왼손 주먹(손바닥 오른쪽)을 오른손 2지로 목탁을 치듯 한 후, 양손 1, 5지를 펴서 양쪽으로 벌린다.

스케이트

양손의 2, 3지를 펴서 마주했다가 스케이트 타듯 손을 교대로 앞으로 내민다.

스키

스키를 타는 듯 양손 주먹을 움직였다가, 2, 3지 끝이 눈에 미끄러지듯 오른손을 내민다.

슬프다

오른손 1, 2지로 눈물 모양을 긋고, 반쯤 구부린 손을 가슴에 대고 원을 그리듯 돌린다.

승마

왼손 1지에 오른손 2, 3지를 벌려서 말을 타듯 올려놓고 움직인다.

시간

편 왼 손바닥에 1, 2지만 편 오른손의 1지를 왼 손바닥에 대고 축으로 시계바늘 돌아가듯 앞으로 돌린다.

시기

오른손 2, 3지를 펴서 코 오른편에 대고(손바닥 왼쪽, 손끝 위쪽) 상하로 문지른다.

시끄럽다

양손을 반쯤 구부려 접시 방향으로 돌리며 섞는 농작을 귀 옆에서 한다.

시다

오른손 2지를 입 오른쪽에 대고 신맛을 느끼는 듯 치아를 드러낸다.

시시하다

오른손 2지로 눈을 짚고, 오른손 "ㅇ" 모양을 아래로 털어낸다.

시원하다

오른손 2지를 이마 오른쪽에 댔다가 왼 손바닥을 오른 손바닥으로 문질러 내민다.

시작

자연스럽게 편 양손을 합장했다가 양쪽으로 벌린다.

시청

왼 손등 위에 편 오른손 팔꿈치를 올려놓고 오른손을 전후로 움직인 다음, 오른손을 반쯤 구부려 내려놓는다.

시험
1지만 세운 양손(손바닥 마주)을 엇갈리게 상하로 움직인다.

신경질
오른손 2지(손바닥 전방)를 옆머리에 대고 위 아래로 문지른다.

신고
오른 2지(손바닥 왼쪽)를 입 앞에서 앞쪽 위로 올린다.

신문
왼 손등 위에 가볍게 주먹을 쥔 오른손의 팔꿈치를 올려놓고 오른 손목을 돌리면서 손을 펴는 동작을 반복한다.

신부

오른 2지로 치아를 가리키고 오른손을 "ㄷ" 모양으로 해서 왼쪽에서 오른쪽으로 목에 긋는다.

신사

양손 1, 2, 3지(손바닥 몸쪽)를 펴고 "X" 모양으로 몸 앞에서 교차시켜 가슴에 댄다.

신약

새롭다+약속

손끝을 모은 양손을 눈 앞에서 손을 편 후, 양손의 5지를 걸어 약속을 표시한다.

실망하다

"C" 모양의 양손(손바닥 위쪽)을 가슴에서 내리면서 손끝을 모은다.

실수하다

양손 "o" 모양의 손을 오른손은 위로 왼손은 아래로 빠르게 놀란 듯이 움직인다.

실패

손을 편 왼손을 대각선 방향으로 세우고 1지를 세운 오른손으로 왼 손바닥을 스치듯 아래로 내린다.

싫다

1, 2지만 펴 턱에 대고 고개를 설래설래 젓는다.

심부름

왼손(손바닥 위쪽) 위에서 오른손을 주먹 쥐고(손바닥 아래쪽) 양손을 동시에 좌우로 움직인다.

심심하다

오른손 2지를 이마 오른쪽에 대고 1, 3지로 구슬 튕기듯 튕긴다.

심판

양손 1지만 펴서 세운 양손을 가슴 앞에서 내리치듯 동시에 움직인다.

심하다

오른손 2, 3지를 펴서 볼을 스쳐 앞으로 내민다.

십일조

왼손 "○" 모양에 오른손 2지를 댔다가 오른손만 위로 올린다.

십자가
자연스럽게 오른손으로 "+" 모양을 그린다.

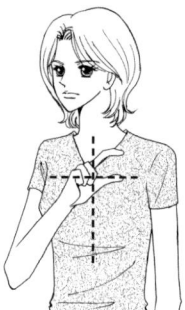

쌀
오른손 1, 3지로 치아를 튕긴다.

쌓다
왼손 주먹(손바닥 아래쪽) 위에 오른손 주먹(손바닥 아래쪽)을 얹고, 왼손 주먹을 오른손 위에 얹는다.

쓰다(글씨)
오른손의 1, 2지로 펜을 쥔 것처럼 왼 손바닥에 글씨를 써나가듯 한다.

쓰다(맛)

오른손 2지를 입 오른쪽에 대고 쓴맛을 느끼는 표정을 짓는다.

씨름

양손 1지를 맞대고 살짝 움직인다.

씹다

양손 주먹을 위 아래 (손바닥 마주)로 포개어 쥐어짜듯 움직인다.

아기

양손을 반쯤 구부려서 턱밑에서 약간 돌리며 흔든다.

아깝다

오른 손가락 끝을 모으고 왼쪽 볼을 두드린다.

아내

결혼+여자

왼손 5지와 오른손 1지를 몸 앞에서 만나게 한 후, 왼손 5지를 앞으로 내민다.

아니오

양손 1, 2지를 펴고(손바닥 아래쪽) 손목을 양쪽으로 뒤집는다.(손바닥 위쪽)

아들

주먹을 쥔 오른손 1지를 펴서 배에서 밑으로 내린다.

아름답다

오른손 2지를 볼에 대고 손을 펴서 흔들며 얼굴 앞에서 돌린다.

아마

오른손 "ㅁ" 모양을 얼굴 옆에서 전후로 약간 흔든다.

아멘

손바닥이 위로 향하도록 한 후, 양손을 몸 중앙에서 기도하는 손으로 만든다.

아버지

오른손 2지를 코 옆에 대었다가 1, 5지를 펴면서 앞으로 내민다.

아이스크림

아이스크림을 혀로 핥아 먹는 시늉을 한다.

아저씨

양손 1, 5지만을 펴(손바닥 몸쪽) 가슴 앞에서 양손 엇갈리게 좌우로 흔들다가 1지만 세운 오른손을 앞으로 내민다.

아주머니

양손 1, 5지만을 펴(손바닥 몸쪽) 가슴 앞에서 양손 엇갈리게 좌우로 흔들다가 5지만 세운 오른손을 앞으로 내민다.

아직

편 왼손(손바닥 오른쪽)을 향해 오른손(손바닥 몸쪽)을 펴서 아래 위로 흔든다.

아차

오른손(손바닥 몸쪽)을 펴서 1지만 턱에 대고 손끝을 살짝 흔든다.

아침

3지(손바닥 몸쪽)를 세운 왼손 앞에서 오른손 "ㅇ"모양(손바닥 전방)을 아래에서 위로 올린다.

아파트

손끝이 앞을 향하게 하여 벌린 양손(손바닥 마주)을 몸 앞에서 양쪽으로 벌린다.

아프다

반쯤 구부린 오른손(손바닥 위쪽)을 좌우로 약간 흔든다.

아프리카
주먹을 쥔 오른손(손바닥 아래쪽)의 손목을 코 앞에서 주먹을 몇 번 비틀어 돌린다.

악어
양손(손바닥 상하로 마주)을 살짝 구부려 오른손을 왼 손바닥 위에 올려놓고 오른손으로 악어 입을 벌리듯 움직인다.

안
오른손 2지로 가슴 앞에 편 왼손(손바닥 몸쪽) 안쪽을 가리킨다.

안개
오른손 2지를 치아에 대었다가 양손(손바닥 얼굴쪽)을 자연스럽게 펴 벌려 얼굴 앞에서 수직으로 세운 접시방향으로 돌린다.

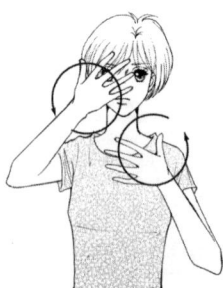

안경

양손 1, 2지로 "C" 모양을 만들어서 눈에 대고 안경을 쓰는 시늉을 한다.

안녕하세요

양 주먹(손바닥 아래쪽)을 몸 앞에 내려놓으며 인사한다.

안돼

오른손 2지를 코 끝에 대고, 1, 3지로 구슬을 튕기듯 하면서 강하게 앞으로 내민다.

안보이다

오른손(손바닥 아래)으로 목을 두드린다.

안전
양손을 "C" 모양으로 손끝을 가슴에 위 아래로 댔다가 앞으로 내밀면서 손끝을 모아 잡는다.

안타깝다
오른손 주먹으로 왼손 바닥을 친다.

알다
오른손(손바닥 몸쪽)을 가슴에 대고 위 아래로 반복하여 움직인다.

앞
오른손(손바닥 전방)을 약간 앞으로 내민다.

애인
왼손 5지와 오른손 1지를 수평으로 대고 비빈다.(양 손바닥 몸쪽)

야단맞다
몸쪽에 왼손 1지를 세우고 약간 구부린 오른손으로 밖에서 안쪽으로 덮는 시늉을 반복한다.

야단치다
왼손의 1지를 세우고 약간 구부린 오른손을 안쪽에서 밖으로 덮는 시늉을 반복한다.

약
자연스럽게 편 오른손 3지를 왼손(손바닥 위쪽)에 대고 앞뒤로 문지른다.

약국

오른 3지로 왼손바닥을 문지른 후, 양손을 "ㅅ" 모양으로 세운다.

약속

양손 5지만을 보통 약속할 때처럼 서로 건다.

약수

약+물

오른 3지로 왼 손바닥을 문시브고 오른 1, 2지로 "C" 모양을 해서 입에 댄다.

약하다

양손을 가슴에 대었다가 떼면서 힘없이 아래로 내린다.

얌체

오른손 1, 2지만 펴서 먼저 2지로 코 오른쪽 볼을 문지르고 1지로는 왼쪽에 그려 얌체수염을 그린다.

양

양손 2지를 구부려 양 이마 옆에 대고 양의 뿔 모양으로 바퀴 모양으로 돌린다.

양궁

활 시위를 잡아당기는 시늉을 한다.

양말

왼 손등 위에서 오른손을 뒤집어 왼 손등 위에 포갠다.

양보

오른손으로 턱을 잡았다가 앞으로 내민다.

양복

오른손으로 옷을 잡았다가 양손 2, 3지로 "X"자로 포개서 양복 깃처럼 댄다.

양식

오른 2지로 큰 서양인들의 코를 그리고 왼손 2, 3지를 오른손 2, 3지로 요리하는 동작을 한다.

양심

오른손 2지로 오른쪽 옆구리를 쿡 찌른다.

얕다

오른 손바닥을 누르듯 약간 내리며 왼 손바닥으로 밑에서 받치듯 정지시킨다.

어기다

양손 5지를 "약속" 모양으로 걸었다가 풀어 내리는 것을 몇 차례 반복한다.

어둡다

양 손바닥을 얼굴 앞에서 겹친다.

어디서

오른손 2지를 펴서(손등이 몸쪽) 좌우로 흔든 후 반쯤 구부린 오른손을 손등이 위로 향하게 하여 가슴 앞에서 약간 아래로 내려 누른다.

어떻게
오른 2지를 좌우로 흔들고, 양손을 "ㅁ" 모양을(손바닥 몸쪽) 부딪힌다.

어렵다
주먹을 쥔 오른손의 1, 5지로 뺨을 꼬집어 비틀듯이 앞으로 내민다.

어른
양손을 펴서 어깨에서 위로 올린다.

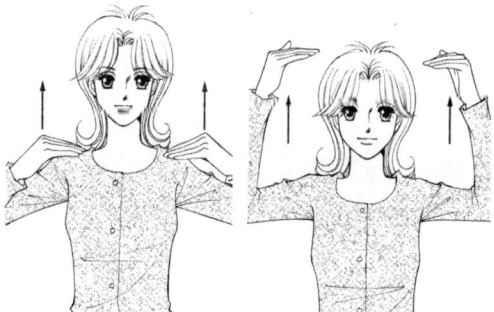

어리석다
양손 2지만을 펴서 조금 구부려 양 이마에 대었다가 아래로 찌르듯 내린다.

어린이

1지를 세운 왼손을 오른 손바닥으로 두드린다.

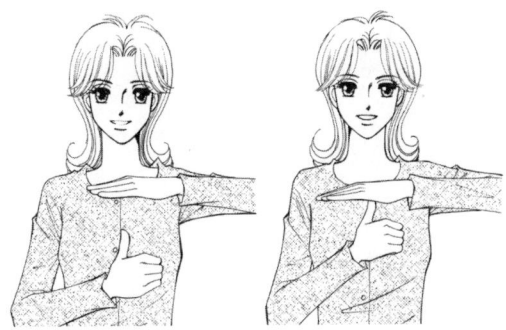

어머니

오른손의 2지를 펴서 손등을 밖으로 하여 코옆에 대었다가 접으며 5지만을 펴서 앞으로 내밀며 여자를 표시한다.

어부

물고기 + 잡다 + 사람

오른 손목을 세워서 고기가 움직이듯 손목을 좌우로 2~3회 흔든 다음, 왼손 1지를 오른손으로 잡고 양손 1, 5지를 펴고 벌린다.

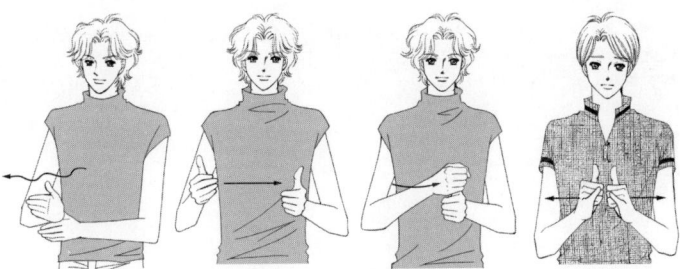

어선

물고기 + 잡다 + 배

오른손을 물고기처럼 움직이고, 왼손 1지를 오른손으로 잡은 후 양 손바닥을 모아 배 모양을 앞으로 내민다.

어색하다

양 손등을 서로 대고 (손바닥이 위로) 비비듯 엇갈리게 상하로 움직인다.

어울리다

양손을 다 펴서 상하로 손바닥을 마주보게 하여 우로 서로 어긋나게 돌린다.

어제

오른손(손바닥 뒤쪽) 1지를 펴서 어깨 너머로 넘긴다.

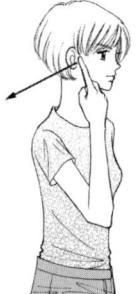

억울하다

오른손 2, 3지로 코를 향해 움직인 후, 주먹 쥔 왼손(손바닥 몸쪽) 위를 오른 손바닥으로 덮는다.

언제
오른 2지를 좌우로 흔들고, 왼 1, 2지를 펴서 왼 손바닥에 오른 1지를 대고 오른 2지를 아래로 숙여내린다.

얼굴
오른손 2지로 얼굴 앞에 원을 그린다.

얼마
양손(또는 한 손)으로 숫자를 세듯 차례로 꼽는다.

얼음
오른손 1, 2지로 "C" 모양을 만들어 입에 댄 후, 양손(손바닥 몸쪽)을 깍지를 끼우고 좌우로 살짝 움직인다.

없다
오른손(손바닥 몸쪽) 2, 3지를 턱에 댄다.

엉덩이
오른손 2지(손바닥 왼쪽)를 펴서 턱 가운데 대고 위 아래로 움직인다.

에이즈(AIDS)
오른손 2, 3, 4, 5지(손바닥 전방)를 약간 구부려 이마 중앙에 댄다.

엘리베이터
왼 손바닥에 오른 2, 3지를 세우고 양손을 함께 올렸다가 내렸다가 한다.

여객선

여행+배

양손 2지를(손바닥 뒤쪽) 구부려 앞으로 돌리고 양손으로 배를 만들어 내민다.

여름

양손을 쫙 펴서(손바닥 아래쪽) 얼굴에서 땀이 흐르는 듯 상하로 움직인다.

여우

1, 3, 4지를 붙인 오른손(손바닥 전방)을 입 앞에서 빙빙 돌린다.

여자

양손(손바닥 몸쪽)의 5지를 몸 앞에서 부딪힌다.

여전하다

오른손 1, 2지(손바닥 뒤쪽)를 어깨에서부터 앞으로 내밀며 손끝 붙이기를 반복한다.

여행

양손 2지를 구부려(손바닥 뒤쪽) 어깨 위에서부터 배낭을 추켜올리듯 앞으로 돌려내민다.

역사

1, 5지를 편 양손(손바닥 마주)에서 오른손만 아래로 내린다.

연구소

오른손 2지를 이마 오른쪽에 대었다가 주먹 쥔 손목을 "X" 형태로 포개어 몸쪽으로 당긴 후, 오른손(손바닥 아래쪽)을 반쯤 구부려 몸 앞에서 아래로 내린다.

연습

오른손(손바닥 전방)을 반쯤 구부려 얼굴 앞에서 2~3회 돌린다.

연필

오른손 2지로 연필 끝에 침을 발라 왼 손바닥에 글씨를 쓰는 시늉을 한다.

열다

양손 바닥을 나란히 붙였다가(손바닥 전방) 양손을 문을 열 듯 양쪽에 벌려 마주 세운다.

열병

뜨겁다 + 병

왼 손바닥에 오른손을 갖다대었다가 빨리 뗀다.

열쇠

왼 손바닥(손바닥 오른쪽)에 오른손(열쇠를 쥔 듯)으로 돌려 비빈다.

열심히

양손을 "o" 모양으로 (손바닥 전방) 얼굴 옆에서 위로 살짝 흔들며 올린다.

염소

오른 주먹으로 턱 밑 수염을 쥐고 약간 흔드는 시늉을 한다.

영광

오른 2지로 볼을 찍어 돌린 후, 양손을 합장 했다가 오른손을 흔들며 크게 반원을 그리며 움직인다.

영수증
양손 가락을 서로 깍지 끼워 오른손을 아래로 꺾어 내린다.

영양
오른 손바닥 끝을 왼쪽 볼에 대고 원을 그리며 문지른다.

영어
오른손 1, 2, 3지를 펴서(손바닥 얼굴쪽) 2, 3지 사이로 턱을 지나도록 오른쪽으로 문지른다.

옆
주먹을 쥔 왼손 1, 2지에 주먹을 쥔 오른손 1, 2지를 가까이 당겨 붙인 후, 오른손(손바닥 아래쪽)을 반쯤 구부려 아래로 내린다.

예

오른손을 "ㅖ" 지화 모양으로 얼굴 오른쪽에 댄다.

예를 들어

가슴 앞에서 손끝을 모아 잡으며 아래로 내린다.

예배

주먹을 쥔 오른손 1, 2지를 구부려 이마에 댄 후, 벌린 왼손(손바닥 몸쪽)에 오른손(손바닥 몸쪽)을 당겨 덮는다.

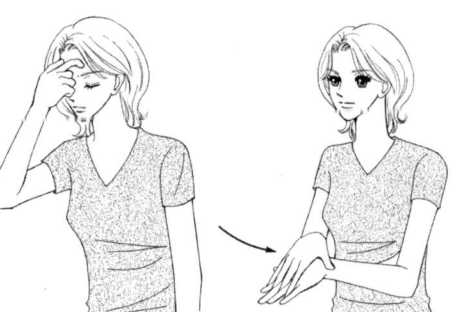

예쁘다

오른손 2지를 펴서 뺨의 중앙에 대고 돌린다.

예산
주먹을 쥔 오른손(손바닥 아래쪽)의 손목을 코 앞에서 주먹을 몇 번 비틀어 돌린다.

예선
미리+경기
왼손을 펴고(손바닥이 아래) 오른손(손바닥이 위로)으로 서랍을 열 듯 끌어당긴 후, 양손 1지를 세워 위 아래로 엇갈리게 움직인다.

예수님
양손 3지를 손바닥에 번갈아 가며 댄다.

예약
편 양손(손바닥 몸쪽)을 "X" 모양으로 교차시켰다가 몸쪽으로 당기며 주먹을 쥔다.

예의

오른손 1, 5지를 펴고 (손바닥 얼굴쪽) 부분을 이마에 대고 위 아래로 살짝 움직인다.

옛날

오른손 1, 2, 3지를 펴서 이마 중앙에 댔다 개(손바닥 얼굴쪽) 손을 펴서(손바닥 뒤쪽) 뒤로 밀어 넘긴다.

오늘

양손(손바닥 아래쪽)을 펴서 몸 앞에서 상하로 부르듯 약간씩 움직인다.

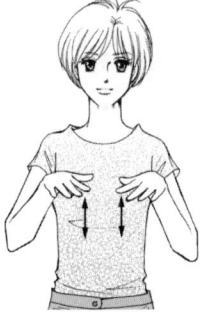

오다

오른손 2지를 펴서(손바닥 몸쪽) 세우고 가슴 앞으로 잡아당긴다.

오락

양손을 약간 구부려 가슴에 대고 위 아래로 동시에 움직인다.

오전

오른손을 숫자 "12" 모양으로 이마 중앙에 댔다가(손바닥 왼쪽) 팔을 왼쪽으로 움직인다.

오직

오른손 2지를 턱에 대고(손바닥 왼쪽) 1, 3지를 튕기듯 한다.

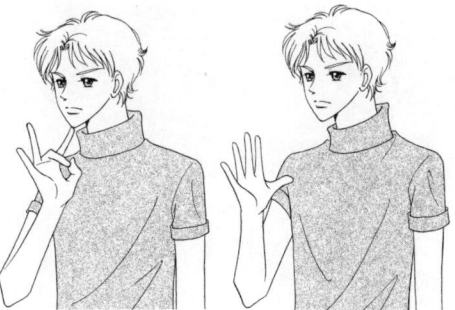

오징어

편 오른 손목을 턱 밑에 대고 손가락을 움직인다.

오토바이

양손(손바닥 아래쪽)을 몸 앞에 내밀고 오른 손목을 오토바이 핸들을 쥐고 돌리듯 몸쪽으로 돌린다.

오해

양손 끝을 모아 붙여서(손끝 얼굴쪽) 얼굴 앞부터 교차시켜 "X"형으로 내린다.

오후

오른손을 숫자 "12" 모양으로 이마 중앙에 댔다가(손바닥 왼쪽) 팔을 오른쪽으로 움직인다.

옥수수

오른손 끝을 모아 입 앞에서 돌리면서 왼쪽으로 이동시킨다.

온도

오른손 2지를 입술 밑에서 문지르고, 왼 손바닥(손바닥 전방)에 오른손 2지를 대고 상하로 움직인다.

온유하다

양손(손바닥 전방)을 안마하는 모양으로 스펀지를 만지듯 움직인다.

올림픽

양손의 1, 2지로 "O" 모양을 서로 얽어 고리를 만드는 것을 2~3회 반복하여 올림픽의 마크를 상징한다.

올해

양손을 펴서(손바닥 아래) 누르듯 움직이고 양손 1, 2지를 펴서 (손바닥 전방) 동시에 올린다.

완전하다

오른 손바닥을 왼손 "C" 모양 안에 넣는다.

왜

오른손 2지를 이마 오른쪽에 의문의 표정을 짓는다.

외국

다른 + 나라
왼 손등을 오른 손등으로 투느린 후, 양손을 구부려 공을 만지듯 움직인다.

외롭다

왼 손바닥 위에 오른손 2, 3지를 세워 양손을 수평접시 방향으로 돌린다.

외아들
오직+아들
오른손 2지를 턱에 대고(손바닥 왼쪽) 1, 3지를 튕기듯 한 후, 오른손 1지를 펴서 배 밑으로 내민다.

요리
오른손 2, 3지로 왼손 2, 3지에 대고 써는 시늉을 한다.

요즘
오른손을 펴서 얼굴 오른쪽에서 손바닥을 앞뒤로 짧게 움직인다.

욕
왼 1지를 오른손으로 치는 듯 움직인다.

용기
오른 주먹으로 왼 손바닥을 힘 있게 친다.

용서
주먹 쥔 양손을 "X" 모양으로 교차시켰다가 팔을 양쪽으로 벌린다.

우동
일본 + 국수
오른손 1, 2지로 수염을 민시듯 비비고, 양손 2, 3지로 국수를 먹는 시늉을 한다.

우리
오른손(손바닥 아래쪽)을 펴고 수평접시 모양으로 오른쪽으로 돌린다.

우산
주먹을 쥔 양손을 가슴 앞에서 우산을 펴듯 오른손을 위로 올린다.

우울하다
얼굴을 찌푸린 채 오른손을 얼굴 앞에서 손가락을 구부리며 약간 아래로 내린다.

우유
오른손으로 젖을 주무르듯 살짝 움직인다.

우정
양손을 마주 잡고 수평접시 모양으로 오른쪽으로 돌린다.

우표
오른손 2, 3지를 펴 입에 대었다가 왼 손 바닥에 댄 후, 양손의 1, 2지로 조그만 네모 (우표 크기)를 그린다.

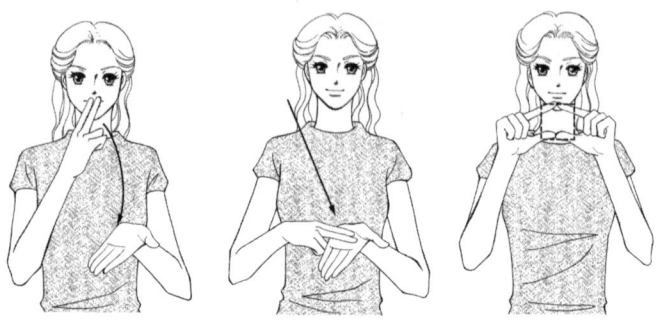

운동
양손의 주먹(손바닥 전방)을 쥐고 올렸다 내렸다를 반복한다.

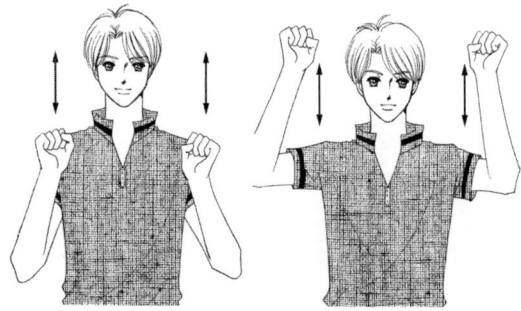

운전
자동차의 핸들을 양손으로 잡고 돌리는 시늉을 한다.

울다
오른손 1, 2지를 붙여 눈 밑에서 눈물을 흘리듯 아래로 내린다.

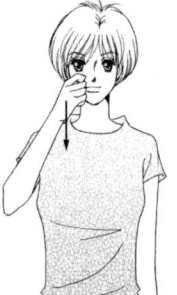

울릉도

눈물 + 섬

오른손 1, 2지로 눈물을 흘리듯 하고, 왼손 3지를 세우고 오른손(손바닥 위쪽)으로 왼손에 문지른다.

웃다

가볍게 주먹을 쥔 오른손(손바닥 얼굴쪽)으로 턱을 톡톡 두드린다.

원수

2지를 편 두 주먹(손바닥 좌우)을 위아래로 포개 놓고 총을 쏘듯 힘 있게 당긴다.

원하다

오른손 1, 2지로 목에서 앞으로 내밀며 손가락 끝을 붙인다.

월급

오른쪽 눈 밑에서 주먹을 쥔 오른손의 2지를 튕기며 세우고, 왼손바닥 위에서 오른손 "ㅇ" 모양의 손을 안쪽으로 쓸 듯 한다.

월요일

주먹을 쥔 오른손의 1, 2지를 펴고, 턱 밑에 댄 1지를 축으로 왼쪽으로 돌린다.

위

양손을 반쯤 구부려 몸 앞에서 위 아래로 마주해서 주무르듯 한다.

위로

5지만을 편 왼손을 세워 놓고 오른손 바닥으로 좌우로 어루만진다.

위하여

왼손을 펴서 세우고 (손바닥 오른쪽) 오른손 "G" 모양을 손을 뒤집으며(손바닥 위→아래쪽) 왼 손바닥에 붙인다.

유도

오른손 2, 3지를 펴서 (손등 전방) 업어치기 해서 넘기듯 왼 손바닥 위에 오른 손등을 눕혀 놓는다.

유리

왼 손바닥을 오른손의 2, 3지로 두드린다.

유명하다

왼 손바닥에(손바닥 오른쪽) 주먹을 쥔 오른손의 1지를 대었다가 오른쪽으로 떼면서 손을 편다.

유식하다

오른손 1, 2지를 오른쪽 머리에서 튕기듯 편다.

유익

"ㅇ"모양의 오른손(손바닥 몸쪽)을 목구멍으로 삼키듯 손을 몸쪽으로 뒤집어 내린다.

유치원

좌우편에서 손뼉을 한 번씩 치고, 양손 끝을 "ㅅ"모양으로 붙인다.

유행

가볍게 손끝을 모아 얼굴 앞에서 오른쪽 위로 올리며 손을 편다.

유혹하다

양손의 2지를 약간 구부려(손바닥 얼굴쪽) 눈 앞에서 오른쪽으로 천천히 움긴다.

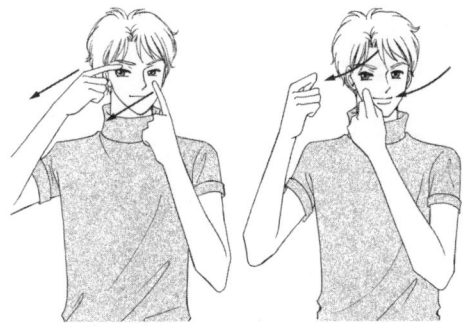

육군

흙 + 군인

양손 끝을 각각 1지에 대고 비빈 후, 양 주먹을 총을 멘 자세로 가슴에 댄다.

은

오른 2지로 치아를 가리킨 후, 왼 손등에 오른 손등을 대고 오른 손끝을 튕긴다.

은행

양손 "ㅇ" 모양을 몸 앞에서(손바닥 아래쪽) 동시에 상하로 살짝 움직인다.

은혜

왼 손등을 오른 손바닥으로 문지른다.

음식

오른손으로 음식을 떠먹는 듯 입으로 가져가고, 양손 1, 2지를 펴서 파도치듯 양쪽으로 벌린다.

음악

오른손 2, 3지를 구부려 입 앞에서 위쪽으로 틀리며 올린다.

응급실

왼 손바닥에 오른 2지를 두드리고 양 손바닥으로 벽을 세워 방을 나타낸다.

~의

양손 "ㅇ" 모양을 서로 고리를 연결한다.

의논

양손을 주먹을 쥐고 1지를 마주 세워 대고 양손 1지를 굽혔다 폈다 한다.

의무

약간 구부린 오른손을 오른 어깨에 올려 놓는다.

의사

진찰 + 선생님

가슴 앞에서 왼손 등(손바닥 몸쪽)을 오른손 2, 3지로 두드린 후, 오른 2, 3지로 왼손목을 두드린다.

의심
오른손 2, 3지(손바닥 왼쪽)를 왼뺨에 대고 상하로 문지른다.

의자
왼손 2, 3지 위에 오른손 2, 3지를 걸쳐 놓는다.

의지하다
양손으로 매달리듯 한다.

이기다
1지만 편 왼손 주먹을 1지만 편 오른손으로 쳐올린다.

이론

오른손 2지(손바닥 얼굴쪽)로 입 앞에서 빙빙 돌린다.

이루다

왼손(손바닥 아래쪽, 손끝 오른쪽)을 펴서 얼굴 앞에 들고, 오른 손끝으로 왼 손바닥(손바닥 오른쪽) 중앙을 쳐올린다.

이름

오른손으로 "ㄷ"자 모양을 만들어 왼쪽 가슴에 갖다 댄다.

이모

오른손 5지(손바닥 얼굴쪽)를 오른쪽 눈 밑에 두드린다.

이사

편 양손 끝을 "ㅅ" 모양으로 마주 붙인 후, 그대로 오른쪽으로 이동한다.

이상하다

손끝을 모아 붙인 오른손을 눈 앞에서 튕긴다.

이용하다

구부린 오른손(손바닥 아래쪽)을 왼손 1지를 덮은 채, 양손을 오른쪽 위로 당기듯 올린다.

이웃

편 양손 끝을 "ㅅ" 모양으로 마주 붙인 후, 양손(손바닥 아래쪽)을 반쯤 구부려 양쪽으로 벌려 내린다.

이유
왼손 밑에 손가락을 넣는다.

이자
오른손 "ㅇ" 모양을 위로 한 단계 올린다.

이해하다
오른손 2지를 왼손 2, 3지 사이에 안에서 밖으로 넣고, 다시 밖에서 안으로 밀어 넣는다.

이혼
왼손 5지와 오른손 1지를 세워 붙였다가 강하게 양쪽으로 벌린다.

인격

1, 5지를 편 오른손을 왼 손바닥에 5지를 대고 세운다.

인기

오른손 1, 2지로 오른쪽 볼을 잡고 살짝 잡아당긴다.

인도하다

왼손(손바닥 몸쪽) 끝을 오른손으로 잡아 오른쪽으로 당긴다.

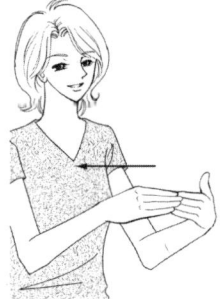

인쇄

왼팔을 몸 앞에서 수평으로 놓고 오른 팔꿈치를 왼 손등에 올려 놓은 후, 오른 손바닥으로 왼팔 내려치기를 반복한다.

인정

"ㅇ" 모양의 오른손을 세운 채로 돌려 내민다.(손바닥 얼굴→전방)

인천(仁川)

왼손 1, 2지를 "亻" 모양으로 세우고 오른손 2, 3지를 눕혀서 "二" 모양으로 긋고, 오른손 2, 3, 4지로 "川" 모양으로 내려긋는다.

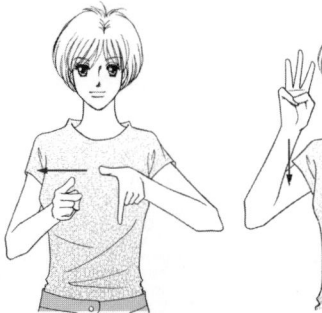

인터넷

양손 5지만 펴고 공을 만지듯 양손을 살짝 움직인다.("나라" 모양 참조)

일 (직업)

양손(손바닥 위쪽)을 좌우로 움직인다.

일(날)

양손 1, 2지를 펴고(손바닥 전방) 위로 올린다.

일본

오른손 1, 2지로 오른쪽 콧수염을 집었다 놓았다를 2~3회 반복한 다음, 공을 쥔 듯한 양손을 살짝 돌린다.

일어나다

왼 손바닥에 오른손 2, 3지를 눕혔다가 세운다.

일요일

오른손 2지를 아랫입술에 오른쪽으로 스쳤다가 편 양손(손바닥 아래쪽)을 모아 붙인 후, 양손 1, 2지를(손바닥 전방) 올린다.

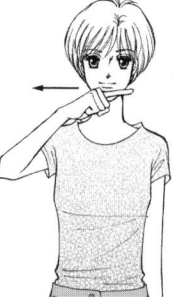  

일주일

양손 1, 2, 3지를 펴고 손등이 몸 앞에서 살짝 스쳐 교차되도록 한다.

읽다

양손을 마주 붙였다가 책을 펴듯이 편 후, 오른손 2, 3지를 펴 오른 손바닥을 향해 위아래로 움직인다.

~입니까

오른손의 2지를 옆머리에 댔다가 앞쪽으로 내밀며(손바닥 위쪽) 편다.

~입니다

왼 손바닥 위에 오른 손바닥을 마주하여 올려놓고 오른손만 오른쪽으로 이동시킨다.

입사

양손 "ㅁ" 모양을 어깨 위에서 앞뒤로 엇갈리게 흔든 후, 왼 손바닥 위에 끝을 모은 오른손을 올려서 앞으로 내민다.

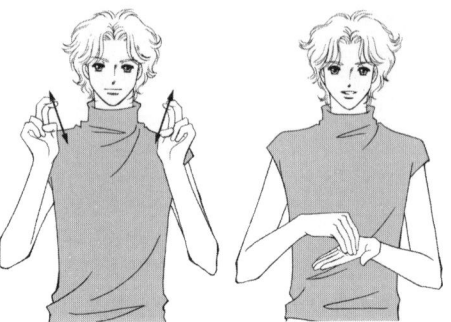

입원

왼손(손바닥 몸쪽)을 펴서 세우고 오른손 2, 3지를 반쯤 구부려 왼 손등을 두드린 후, 왼 손바닥 위에 끝을 모은 오른손을 올려서 앞으로 내민다.

입장

왼 손바닥 위에 오른손 2, 3지를 세워서 오른손을 상하로 두 번 움직인다.

입학

양 손바닥(손바닥 뒤쪽)을 세워 어깨 뒤로 넘기듯 흔든 후, 왼 손바닥 위에 끝을 모은 오른손을 올려서 앞으로 내민다.

있다
오른손 1, 5지를 펴서 1지를 코끝에 댄다.

잊어버리다
오른 주먹을 이마 오른쪽에 댔다가 위로 손을 올리며 편다.

잎
오른손 바닥으로 오른쪽 뺨을 스쳐 내민다.

 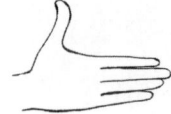

자동차
편 왼 손등 위에 펴서 오므린 오른손(손바닥 아래쪽, 손끝 전방)을 앞뒤로 움직인다.

자랑하다

손가락을 벌린 양손의 1지를 가슴에 대고 손가락을 약간씩 흔든다.

자립

스스로 + 일어서다

오른 2지를 가슴에 스쳐 세우고 오른손 2, 3지를 왼 손바닥에 세운다.

자매

양손(손바닥 몸쪽)의 5지를 펴서 위 아래로 엇갈리게 움직인다.

자비

눈물+사랑

오른손 1, 2지로 눈물을 그리고 왼손을 주먹(손바닥 오른쪽)을 쥐고 오른손을 펴서 왼손에 대고 접시 방향으로 돌린다.

자살

양손 1, 5지를 펴고 왼손 5지에 오른손의 1지를 붙여서 오른 엄지로 목을 찌르듯 당겨 붙인다.

자연

주먹을 쥔 왼손 1지 등을 오른손 2지로 쓸어 내린다.

자유

주먹을 쥔 양손을 바퀴 돌아가듯 앞으로 엇갈리게 돌린다.

자장면

검다 + 국수

오른손으로 옆 머리를 스쳐 내린 후, 1, 2지를 펴서 국수를 먹는 시늉을 한다.

자전거

양손 주먹(손바닥 위쪽)으로 페달을 쥐고 돌리는 시늉을 한다.

작년

주먹을 쥔 왼손(손바닥 몸쪽) 위에 오른손의 2지를 댔다가 한 바퀴를 돌리고 어깨 너머로 넘긴다.

 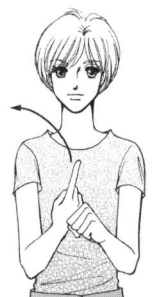

작다

주먹을 쥔 오른손의 2지 끝에 1지 끝을 댔다가 튕겨 올린다.

잘

오른손으로 왼팔을 쓰다듬어 내린다.

잘못
오른손으로 왼팔을 스쳐 올린다.

잠자다
주먹을 베고 자는 시늉을 한다.

장남
왼 손바닥을 벌려 펴고 오른손 3지를 왼손 1지에 갖다 댄다.

장녀
왼 손바닥을 벌려 펴고 오른손 5지를 왼손 1지에 갖다 댄다.

장로

오른손 1지(손바닥 전방)를 이마에서 오른쪽으로 움직인다.

장사(장례)

양손 1지(손바닥 위쪽)를 눕히고 오른손으로 반원을 그리며 덮는다.

장애인

손끝을 아래로 한 숫자 "17" 모양의 양손(손바닥 몸쪽)을 몸 앞에서 부딪힌다.

재림

다시+오다
오른손 1지에 2, 3지를 대고 튕기면서 왼쪽 아래로 내린 후, 오른손 2지를 펴서(손바닥 몸쪽) 세우고 가슴 앞으로 잡아당긴다.

재봉

양손을 상하로 조금씩 움직이며 앞으로 내민다.

재혼

다시+결혼

오른 2, 3지를 동시에 튕기고, 왼 5지와 오른 1지를 몸 앞에서 붙여 세운다.

저녁

오른손의 1, 2지를 펴서 왼쪽에서 오른쪽으로 반원을 그리며 눕힌다.(손바닥 왼쪽→위쪽)

저절로

왼손 1지를 오른 2지로 쓸어 내린다.

저축
왼손의 2, 3지 중간을 오른손 2, 3지 끝으로 쳐올린다.

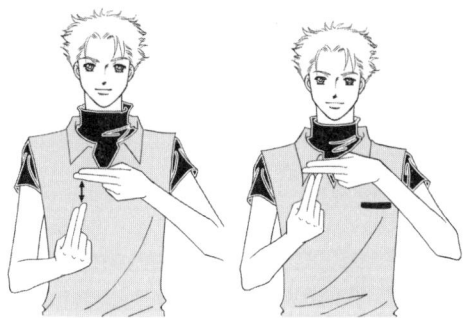

적다
주먹을 쥔 오른손의 2지 끝에 1지 끝을 댔다가 튕겨 올린다.

적당하다
오른손의 1, 2지를 펴 왼 손바닥에 가로와 세로로 댄다.

~적 있다
오른 2지 끝으로 목을 스쳐 내린다.

전공
오른손을 세워(손바닥 왼쪽) 앞으로 내민다.

전국
양손의 1, 5지로 지그재그 모양으로 우리나라 지도를 그린다.

전기
양손 2지를 대고 1, 3지를 튕긴다.

전도사
양손 "ㅇ" 모양을 입 앞에서 앞으로 내밀며 손을 편다.

전세
오른손(손바닥 아래쪽)을 펴서 5지 쪽으로 목을 살짝 두드린다.

전염
주먹을 쥔 양손을 교차시켜 손목 안쪽을 서로 부딪히며 앞으로 내민다.

전쟁
양손을 반 쯤 구부려서 손끝 부분이 몸 앞에서 부딪히도록 한다.

전화번호
1, 5지만 편 오른손을 귀와 입에 댄 후, 오른손으로 숫자를 1, 2, 3, 4 순으로 편다.

절

가볍게 주먹을 쥔 왼손을 오른손의 2지로 목탁 치듯 한 후, 2, 4지를 편 양손을 양쪽으로 벌리며 편 손가락으로 기와집을 그린다.

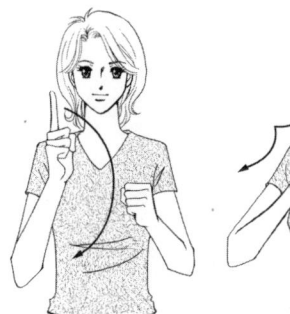

절약

오른손 2지를 구부려 왼 손바닥에 대고 몸쪽으로 당긴다.

젊다

오른 손바닥으로 이마를 좌에서 우로 스쳐 낸 후, 오른 1지를 세워 내민다.

점심

지숫자 "12"를 한 채로 손을 이마 중앙에 댄다.

정류장
버스 + 곳
오른손 "ㅁ"을(손바닥 왼쪽) 앞뒤로 움직이고 오른손을 반쯤 구부려 내린다.

정보
1지만 펴서 세운 왼손에 오른손 2, 3지 끝을 대고 살짝 돌린다.

정직
1, 2지로 배에서 가슴으로 올린다.

정치
양손(손바닥 아래쪽) 2지를 몸앞에서 수평으로 번갈아가며 휘젓는다.

제목

오른손의 1, 2를 "ㄷ" 모양으로 하여 왼쪽 가슴에 댄 후, 왼 손바닥 위에 오른손 1, 2, 3지를 펴고 왼 손바닥에 오른 1지를 댄 채로 손끝을 모아 잡는다.

제자

오른 손바닥(손바닥 위쪽)을 펴서 왼쪽 어깨에서 오른쪽 옆구리까지 내려 긋는다.

제주도

왼손의 3지만 펴서 세운 손에 오른손(손바닥 위쪽)을 대고 문지른다.

조개

주먹을 쥔 양 손목을 마주 붙인 후 손목을 붙인 채, 주먹을 위 아래로 움직인다.

조건
양손(손바닥 몸쪽)을 벌린 손가락 끝을 5, 4, 3, 2, 1 순으로 손목을 돌려 맞추어 내린다.

조상
1지만 편 양손(손바닥 몸쪽)을 엇갈리게 쌓아올리며 위로 올린다.

조용하다
양손(손바닥을 위쪽)을 몸 앞에서 천천히 아래로 내린다.

존경하다
1지만 세운 오른손을 왼손에 올려 놓고 두 손을 위로 올린다.

졸업

주먹을 쥔 양손을 몸 쪽으로 당기며 졸업장을 받는 시늉을 한다.

좁다

양손 손바닥(또는 주먹)을 마주해서 중앙으로 모은다.

종교

왼손으로 "ㄷ" 모양을 하고 오른손 "ㅈ" 모양을 세워 왼손 안쪽에 넣어 두드린다.

종로

주먹을 쥔 오른손 손목을 왼손으로 잡고 오른손을 살짝 흔든다.

종목

운동+종류

양손 주먹을 쥐고 역도하듯 움직인 후, 왼손바닥 위에서 오른손바닥(손바닥 왼쪽→)을 돌린다.

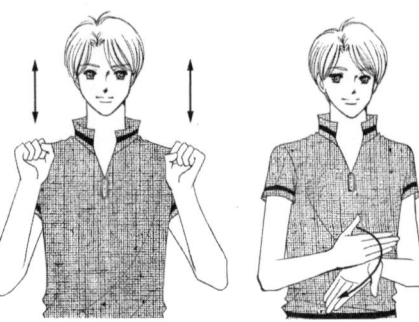

종이

희다+네모

오른손 2지로 치아를 가리키고 네모를 그린다.

 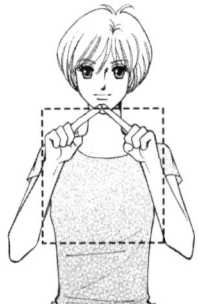

좇아가다

1지만 세운 양손을 앞뒤에 놓고 나란히 앞으로 움직인다.

좋다

주먹을 쥔 오른손(손바닥 왼쪽)을 코에 댄다.

죄

오른손의 1지를 코에 댔다가 왼 손바닥에 올려 놓는다.

주문

오른손의 2지를 입 앞에 댔다가 앞으로 올리면서 내민다.

주민등록증

양손 1지를 지문을 찍듯 돌리고, 신분증 크기 정도를 양 손가락 1, 2지로 그린다.

주사

왼팔에 오른손 1, 2, 3지로 주사 놓는 시늉을 한다.

주소

양손을 펴서 "ㅅ" 모양으로 손끝을 마주 붙이고, 가슴 앞에서 양손을 상하로 하여 수를 세듯 손가락을 접는다.

주식

양손으로 종이를 쥐고 찢듯이 한다.

주인공

양손 1, 2지로 큰 액자 모양을 만들고 자신의 얼굴을 내민다.

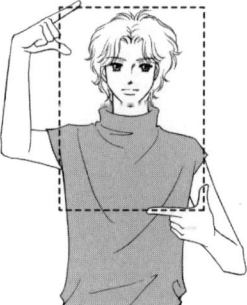

주전자

1, 5지를 편 오른손의 1지를 아래로 기울여 물을 따르듯 한다.

주황

손끝을 모아 잡은 왼손을 오른손으로 오렌지 껍질을 까는 동작을 한 후, 색깔 수화를 한다.

죽다

1지만 펴서 세운 양손을 오른쪽으로 눕힌다.

죽이다

오른손 1, 2지 사이로 왼손 1지를 세우고 깎아내듯 오른손을 밀어낸다.

~줄

오른손 2지로 입 주위를 한 바퀴 돌린다.

줄넘기

줄넘기를 하듯 양손을 돌린다.

중(스님)

왼손 주먹을 오른 2지로 스쳐 내린 후, 양손 1, 5지를 펴고 벌린다.

중국

오른손으로 귀를 잡았다가 손을 펴서 오른쪽 어깨를 5지 쪽으로 긋는다.

중요하다

오른손을 펴서 인볼에 댄 후, 왼 손바닥으로 천천히 내린다.

중태

2. 3지만 펴서 볼을 스쳐 내밀고 오른손(손바닥 왼쪽)을 이마에 댄다.

중학교

왼손 "ㄷ" 모양의 중앙에 오른손을 세워 대고 "中" 모양을 만든 후, 양손(손바닥 뒤쪽)을 펴서 어깨 앞에서 앞뒤로 약간 흔든다.

쥐

입 앞에서 오른손의 1, 2, 3지를 살짝 움직인다.

즐겁다

지문자 "ㅈ"을 나타낸 양손(손바닥이 몸쪽)을 가슴에 대어 엇갈리게 상하로 움직인다.

지각

왼손(손바닥 아래쪽) 등에 오른손(손바닥 왼쪽)을 세워 천천히 앞으로 내민다.

지금

양손 지문자 "ㅈ"(손바닥이 아래)을 위 아래로 움직인다.

지나치다

몸 앞에서 왼손을 펴서 수평으로 두고, 오른손(손바닥 왼쪽)을 "+" 모양으로 세웠다가 위로 올린다.

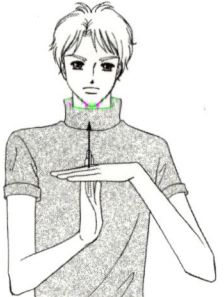

지렁이

오른손의 2지로 아랫입술을 스친 후, 5지를 굽혔다 폈다 하여 앞으로 내민다.

지루하다

오른 손바닥 끝으로 콧등을 스쳐 내리며 구부린다(손바닥 얼굴 쪽).

지명

곳+이름

오른손을 구부려 내리고 오른 1, 2지로 "ㄴ" 모양을 만들어 왼쪽 가슴에 댄다.

지방

왼손 2지에 오른 손목(손바닥 아래쪽)을 걸치고 손가락을 움직인다.

지식

오른손의 5지쪽을 옆 머리에 댄다.

지옥
양손의 2지(손바닥 전방)를 펴서 턱과 이마에 차례로 댄다.

지우개
왼 손바닥(손바닥 위쪽)을 오른손의 1지(1지만 편 주먹)로 문지른다.

지출
1. 2지로 "ㅇ" 모양을 한 오른손을 왼 손바닥에 대고 손끝 쪽으로 스쳐 내린다.

지하철
왼 손바닥을 수평으로 편 아래로 오른손 "ㅈ" 모양을 "ㄷ" 모양으로 만들어 살짝 움직이며 내민다.

지혜
2지의 끝을 오른쪽 옆 머리에 댔다가 오른손 바닥으로 왼쪽 손목을 잡는 듯 친다.

직업
양손(손바닥 위쪽)을 몸 앞에서 좌우로 흔든다.

직접
양 손바닥을 마주 붙였다가 양손의 2지를 다시 마주 댄다.

진리
오른 손바닥(손바닥 왼쪽)을 턱에 댔다가 왼손 주먹 아래로 오른손 2지만 펴서 스치듯이 앞으로 내민다.

진찰
펴서 세운 왼 손등을 오른쪽 2, 3지를 구부려 진찰하듯 톡톡친다.

질문하다
오른손의 2지를 옆머리에 댔다가 아래로 내밀며 편다.(손바닥 위로)

집
양손 끝을 "ㅅ" 모양으로 붙여 세운다.

집사
오른 1, 2지로 왼쪽 팔(완장 차듯)에 문지른다.

짜다
2지를 입에 대고 짠 맛을 느끼는 표정을 한다.

짧다
1, 2지로 동그라미를 만들어 주먹을 쥔 양손을 좌우에서 중앙으로 모은다.

쫄면
양손 1, 2지로 고무줄을 늘렸다가 놓고, 양손 2, 3지로 국수를 먹는 모양을 한다.

쫓아내다
왼 손바닥 위를 구부린 오른손 등으로 펴면서 밀어낸다.

차갑다

추워서 떠는 시늉을 한다.

착각

오른손 2, 3지를 펴서 (손바닥 앞쪽) 이마 옆에 대었다가 손을 뒤집어(손바닥 뒷쪽) 댄다.

찬성

오른손 2지를 이마 오른쪽에 댔다가 양손 1, 2, 3지만 끝을 중앙에서 모아 붙인다.

찬송가

왼손 바닥을 바라보며 오른손 2, 3지를 굽혀 입 앞에서 나선형으로 앞쪽 위로 돌린다.

참
오른손(손바닥 왼쪽)을 턱 중앙에 댄다.

참가하다
양손 2지 끝을 마주해서(손바닥 몸쪽) 동시에 앞쪽으로 반원을 그리며 내민다.

참다
몸 앞에서 1지만 세운 왼 주먹을 오른 손바닥으로 누른다.

참외
손끝을 모아 잡은 왼손(손끝을 위로)을 오른손 2지로 껍질을 깎아내듯 위에서 아래로 몇 차례 스쳐 내린다.

창조
손끝을 구부려 모아 잡은 양손을 눈 앞에서 튕기고, 오른손 주먹으로 왼손 주먹을 망치질하듯 두드린다.

찾다
양손 1, 2지를 풍차돌리며 확인하는 입장.

책
양손을 마주 붙였다가 책을 펴듯 편다.

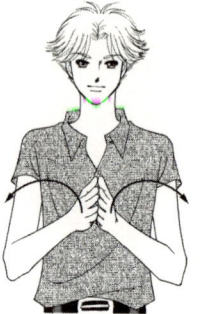

책상
편 양손을 얼굴 양쪽에서 마주 세우고 앞뒤로 흔든 후, 양 손바닥으로 책상 모양을 그린다.

챔피언
양손을 펴서 챔피언 벨트를 매듯 하복부에 갖다 댄다.

처녀
결혼 + 아직
왼손 5지(손바닥 몸쪽) 주위를 오른 손바닥 (손끝은 아래)으로 돌린다

~처럼
양손의 1, 2지 끝을 두 번 붙였다 뗀다.

처음
오른손을 위로 올리며 (몸 앞에서 얼굴 높이 까지) 1, 3지를 모아 잡는다.

천국

오른손으로 뺨을 쓰다 듬고 얼굴 앞에서 양 손바닥(손바닥 전방)을 겹쳤다가 벌린 후, 공을 쥔 듯한 손으로 앞뒤로 흔든다.

천둥

오른손의 2, 3지를 펴서 번개 모양을 그린 후, 오른손의 2지(손끝 귀 쪽)를 귀 옆에서 움직인다.

천사

오른손 2지로 하늘을 가리킨 후, 양손을 옆으로 하여 새가 날듯 손을 상하로 흔든다.

천주교

C + 송교

"C" 모양의 구부린 오른손을 보인 후, 왼손으로 "ㄷ" 모양을 하고 오른손 "ㅈ" 모양을 세워 왼손 안쪽에 넣어 두드린다.

천천히

왼 손등(손바닥 아래쪽) 위에 오른손을 펴(손바닥 왼쪽) 천천히 앞으로 내민다.

철

오른 1지를 치아로 살짝 깨문다.

청년

젊다 + 남자

오른 손바닥으로 이마를 문지르며 오른쪽으로 옮긴 후, 1지를 세운 오른 주먹을 앞으로 내민다.

청바지

몸 앞에서 양손을 번갈아가며 쥐어짜면서 내린다.

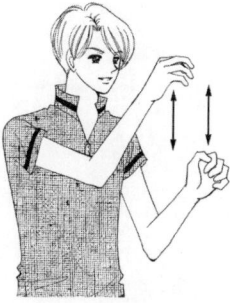

청소

양 주먹(손바닥 아래쪽)을 가슴 앞에서 앞뒤로 걸래질하듯 움직인다.

체육

두 주먹을 양 어깨 높이에서 위로 올렸다 내렸다를 반복한다.

초대하다

왼 손바닥 위에 1지만 세운 오른 주먹을 올려놓고 몸쪽으로 당긴다.

초등학교

왼손의 2, 3지(손바닥이 몸쪽) 사이를 오른손의 2지(손바닥이 왼쪽)로 두드린다.

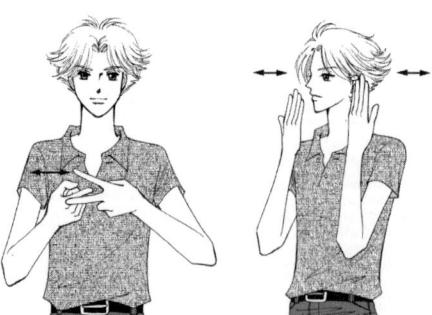

초록
오른 손바닥으로 오른쪽 뺨을 스쳐 올린다.

총각
결혼 + 아직 + 남자
왼손의 1지 주위를 오른 손바닥(손끝이 아래로)으로 돌린다.

최고
왼 손바닥(손바닥 아래쪽)을 오른손 끝(손바닥 몸쪽)으로 아래서 올려친다.

추격하다
1지만 세운 양손을 전후로 하고 앞의 손이 움직이는 대로 나란히 따르도록 한다.

축구

왼 손바닥에 가볍게 주먹을 쥔 오른손(손바닥 아래쪽)을 올려 놓고 2지만 힘 있게 편다.

축도

오른손 1, 2지를 이마에 댄 후, 양손을 든다(손바닥이 전방).

축복

오른손으로 턱수염을 쓰다듬어 내리고 손끝을 모으려 튼 양손(손바닥 위쪽)을 위로 올리며 활짝 편다.

축소

1, 2지만 편 양손(손바닥 몸쪽)을 중앙으로 모은다.

축하

손끝을 오무려 붙인 양손(손바닥 위쪽)을 위로 올리며 활짝 편다.

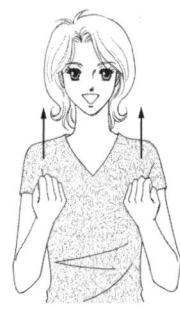 

춘천

양 손바닥(손끝 아래쪽)을 배에 대고 양손을 위로 쓸어 올린 다음, 오른손의 2, 3, 4지를 펴서 위에서 아래로 내린다.

출석

오른손 1, 2지로 "ㄷ" 모양을 만들어 왼쪽 가슴에 댄 후, 왼 손바닥에 오른손 2지로 긋는다.

춤

가볍게 주먹을 쥔 양손을 손목을 돌리고 흔들며 춤추는 동작을 한다.

춥다
주먹을 쥔 양손을 벌벌 떠는 시늉을 한다.

충격
오른손으로 주먹을 쥐면서 가슴을 친다.(손바닥 위쪽)

충고
1지만 편 오른손을 왼손 1지의 등에 대기를 반복한다.

취미
주먹을 쥔 손(손바닥 아래쪽)으로 턱 오른쪽을 스쳐 내린다.

취소

손가락 끝을 깍지 끼운 양손이 손바닥이 마주닿도록 한다.

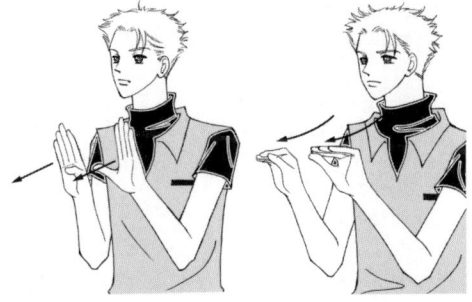

친구

박수 두 번

양손을 엇갈리게 꼭 잡았다 놓았다 두어 번 반복한다.

친절

1지만 펴서 세운 왼손의 옆 부분에 오른손으로 쓰다듬듯 좌우로 움직인다.

친척

양손 1, 5지만 펴서 전후로 세워(손바닥 몸쪽) 엇갈리게 좌우로 움직인다.

침

"ㅇ" 모양을 입 앞에서 멀리 털어내듯 한다.

침대

왼 손바닥에 오른손 2, 3를 펴서 눕히고 두 손(손바닥 위쪽)을 동시에 상하로 움직인다.

칭찬

1지만 펴서 세운 왼손을 오른 손바닥으로 쳐 올린다.

카메라

왼 손바닥 위에 가상의 카메라를 놓고 눈을 대고 오른손의 2지로 셔터를 누르듯 한다.

칼국수

왼손 2지를 오른손 2지로 깎아내듯 문지르고, 양손 2, 3지로 국수를 먹는 시늉을 한다.

커피

오른손의 2지로 코를 가리킨 후, 컵을 쥔 듯한 왼손 안을 오른손의 2지 끝으로 젓는다.

컨닝

오른손의 1지를 ㄱ형으로 구부려 왼 손바닥(손바닥 위쪽)에 대어 오른 손만 몸 쪽으로 당기는 동작을 한다.

컴퓨터

오른손 "C" 모양을 왼손등 위에 대고 앞뒤로 움직인다.

켜다

손끝을 모아 잡은 오른손을 활짝 편다.

콜라

오른손 1지(손바닥 왼쪽)를 오른볼에 스쳐 올린 후 오른손 2, 3지로 왼손 주먹(손바닥 오른쪽) 위에서 병을 따듯한다.

콩

1지 손톱을 턱에 대고 위 아래로 조금씩 문지른다.

콩나물

1지 손톱을 턱에 문지르고, 2지만 펴서 세웠다가 약간 구부린다.

크다
지문자 "ㄴ"을 눕혀서 (손바닥 몸쪽) 좌에서 우로 이동시킨다.

크다(키)
오른손을 머리 위에 댔다가 위로 올려 팔을 편다.

타다
왼 손바닥에 오른 2, 3지를 올려놓는다.

탁구
탁구공을 친 듯한 왼손을 오른 손바닥으로 탁구공을 치듯 움직인다.

태국
1, 3, 4지를 붙인 양손 목을 빙글빙글 돌리며 춤추듯 한다.

털
반쯤 구부린 양 손등을 서로 둥글게 문지른다.

토끼
왼손 주먹의 세운 1지 등에 구부린 오른손의 2, 3지 등을 대고 토끼가 귀를 움직이듯 손가락을 구부렸다 폈다를 한다.

토요일
손끝을 붙인 양손을 턱에서 손끝을 비빈다.

토하다

오른 주먹(손바닥 위쪽)을 턱 밑에서 무엇을 토하듯 앞으로 펴면서 내린다.

통역

오른 주먹 1지를 세워 입 앞에서 좌우로 흔든다.

통장

가볍게 주먹을 쥔 오른손으로 왼손 바닥에 도장을 찍는 모양으로 양손을 앞으로 내밀고 통장 모양을 양손 1, 2지로 그린다.

퇴보

오른 손바닥을 아래로 구부려 내린다.

퇴원

병원+나오다

오른손 2, 3지로 왼손 (손바닥 몸쪽) 등을 두드린 후, 왼 손바닥에 2, 3지를 눕혔다가 세워서 내려놓는다.

퇴학

학교 + 죽이다

양 손바닥(손바닥 뒤쪽)을 어깨 위에서 흔들고 왼손 1지를 오른 손바닥으로 자르듯 스친다.

트럭

왼손 "ㅁ" 모양을 세우고(손바닥 오른쪽) 오른손을 위에 얹었나개(손바닥 위쪽) 손끝을 몸쪽으로 구부린다.

특기

특별+기술

오른손 1, 2지를 붙여 왼팔을 긁듯이 좌우로 문지른 후, 오른손 1, 2지를 붙여 이마 중앙에 한두 번 댄다.

틀리다
오른손 2, 3지를 펴서 포개어 눈 옆에 대었다가 튕기며 앞으로 내민다.

파
가볍게 쥔 오른손 등을 입에 대고, 오른손의 1, 2, 3지를 편다.

파랑
오른손을 펴서 오른쪽 볼을 쓸어 내린 후, "색깔" 수화를 한다.

팔다
오른손 2, 3지(손바닥 아래쪽)를 왼손(손바닥 위쪽)으로 잡았다가 오른 손만 빼낸다.

퍼센트
오른손 2지로 "%" 모양을 쓴다.

평양
오른손의 1, 2, 3지를 구부려(손바닥 왼쪽) 1지 부분을 턱에 댔다 이마에 댄다.

평화
2지를 오른쪽 눈옆에 댔다가 왼 손바닥을 오른 손바닥으로 문질러(오른쪽 방향으로) 낸다.

포기하다
가볍게 쥔 양손 1지를 가슴에 댔다가 아래로 내리면서 편다.

포도

양손 1, 2지로 동그라미를 만들어 상하로 움직이면서(손바닥 아래쪽) 손목을 움직인다.

풀

양손 1, 2지에 끈적한 것이 묻은 것처럼 번갈아가며 붙였다 뗐다 한다.

풍선

양손을 주먹 쥐어 붙이고 입에 대어 풍선을 불어 부풀어 오르듯 손을 벌려 풍선 모양을 만든다.

프랑스

2, 5지만 편 양손의 2지 끝을 양쪽 입술 밑에서(손바닥 몸쪽) 약간 좌우로 벌린 후, 그대로 가슴 앞으로 내린다.

프로그램

오른손 1, 2지로 쫙 편 왼 손가락 끝을 스쳐 내린다.

프린터

컴퓨터+복사

"C" 모양을 왼 손등에서 앞뒤로 움직인 후, 왼 손바닥 위에 오른손을 구부렸다가 위로 올리며 손끝을 모은다.

피

오른손의 2지를 아랫입술에 문지르고 1지를 편 왼손 능에서 오른손(손바닥이 위쪽)을 흐르듯 오른쪽 아래로 내린다.

필름

사진찍는 시늉을 하고, 2, 3지만 펴서 입 앞에서 엇갈리게 움직인 후, 가볍게 쥔 왼 주먹 속에 오른 2지를 넣어 돌린다.

필요없다

손바닥이 위로 향하게 한 양손 끝을 배에 댔다가 손끝을 밖으로 돌려 내민다.

필요하다

손바닥이 위로 향하게 한 양손 끝을 배에 댔다 뗐다 한다.

핑계

손바닥이 가슴, 손끝이 오른쪽을 향한 왼손 등에 1, 3, 4지를 모아 잡은 오른손(손바닥 전방)을 돌린다.

하나님

왼손 주먹을 오른손으로 한 바퀴 감싸 돌린 후, 오른 1지를 왼 손바닥 위에 세운다.

하늘

오른손으로 뺨을 쓰다듬어 내린 후, 얼굴 앞에서 양 손바닥(손바닥 전방)을 겹쳤다가 좌우로 벌린다.

하루

오른손 1, 2지를 펴서 (손바닥이 왼쪽) "∞" 모양으로 움직인다.

하마

주먹을 쥔 양손을 위 아래로 붙였다가 팔을 벌렸다 붙였다 한다.

하지마

왼 손바닥 위에 오른 손날로 내려친다.

학교
양손을 펴서 어깨 앞에 세우고(손바닥 뒤쪽) 2~3회 앞뒤로 흔든다.

학생
오른손은 모자의 챙을 쥔 자세, 왼손은 가방을 들고 있는 자세를 동시에 하여 흔든다.

한국
오른손으로 옆머리를 쓰다듬어 내린 후, 공을 쥐듯 한 양손을 앞뒤로 손목을 돌려 움직인다.

한 달
오른손 2지를 구부려 눈밑에 대었다가 앞으로 내밀면서 튕기듯 편다.

한문

양손(손바닥 위쪽)을 반쯤 구부리고 겹쳐서 두드린다.

한복

한국 + 저고리

오른손으로 옆머리를 쓰다듬어 내린 후, 편 왼팔에 오른손의 2지로 저고리의 소매를 그린다.

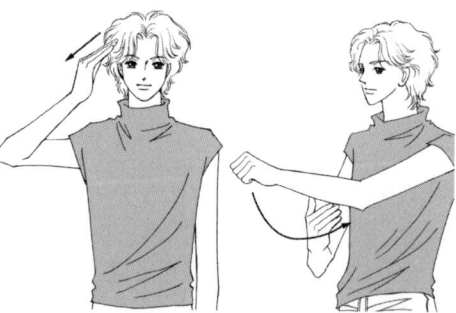

한 시간

왼 손등과 손목 위에서 2지만 편 오른손(손바닥 아래쪽)을 시계 방향으로 돌린다.

한약

진맥 + 짜다 + 약

오른손 2, 3지를 왼 손목에 올려놓고 진맥하듯 한 후, 양손을 주먹 쥐어 한약을 짜듯 한다.

할렐루야

박수 두 번 + 축하
박수를 두 번 치고, 양손 끝을 모아 쥐었다가(손바닥이 위로) 올리며 편다.

할머니

오른손으로 이마를 좌에서 우로 약간 움직이며 옮긴 후 5지만 펴서(손바닥이 몸쪽) 세운다.

할 수 있다

입에 오른 손바닥을 댔다가 앞으로 강하게 뗀다.

할아버지

오른손으로 이마를 좌에서 우로 약간 움직이며 옮긴 후, 1지만 펴서(손바닥이 몸쪽) 세운다.

할인

1, 2지로 동그라미를 만든 양손(손바닥 전방)을 손목돌려 내리며 2지만 펴서(손바닥 몸쪽) 아래로 내린다.

함께

양손의 2지(손바닥 위쪽)를 아래에서 위로 원을 그리듯 올려 마주 붙인다.(손바닥 아래쪽)

합격

주먹을 쥔 오른손을 턱에 댔다가 위로 힘있게 올린다.

항구

끝이 앞을 향하게 편 왼손(손바닥 오른쪽)에 오른손(손바닥 위쪽)을 오목하게 하여 옆에 붙인다.

항상

1. 2지만 편 양손을 어깨 앞에서 2~3회 상하로 흔든다.

해군

양손을 붙여 배를 만들어 앞으로 내민 후, 주먹을 쥔 양손을 오른쪽 가슴에 총을 메듯 댄다.

행복

오른손으로 턱을 쓰다듬어 내린다.

헌금

왼 손바닥 위에서 1, 2지로 만든 동그라미를 수평접시 모양으로 돌린다.

헤어지다
양손을 구부려 손가락 등을 붙였다가(손바닥 위쪽) 좌우로 벌린다.

현재
편 양손(손바닥 아래쪽, 손끝 전방)을 가슴 앞에서 약간 아래로 내린다.

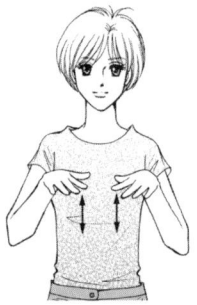

혈액형
오른손으로 귀를 잡았다가 오른 손가락 2지로 입술 밑을 문지른다.

형제
양손 3지만 펴서 나란히 세웠다가 양손(손바닥 몸쪽)을 위 아래로 움직인다.

호랑이

구부려 편 양손 등을 뺨 옆에 댔다가(손바닥 뒤쪽) 앞으로 돌려 내민다.

호수

왼손(손바닥 오른쪽, 손끝 전방)을 세우고 오른손(손바닥 위쪽)을 오목하게 하여 옆에서 돌린다.

홀로

2지 끝을 가슴에서 위로 스쳐 올린다.

홍수

오른손 1, 2지로 "C" 모양을 만들어 물 마시듯 한 후, 왼손(손바닥 아래쪽) 아래서 오른손(손바닥 아래쪽)을 점차 위로 올려 왼손에 닿게 한다.

홍콩

2, 3지만 펴서 코 밑에 댔다 뗐다 한 후, 양손으로 공 모양을 만들어 손목을 앞뒤로 흔든다.

화내다

1지만 편 오른손을 배에서 위로 올린다.

화요일

편 손의 2지를 턱 중앙에서 앞으로 스쳐 낸다.

화장실

오른손 1, 2지를 구부려 "W.C" 기호를 만든다.

확대

양손 1, 2지를 가슴 앞에 모았다 좌우로 벌린다.

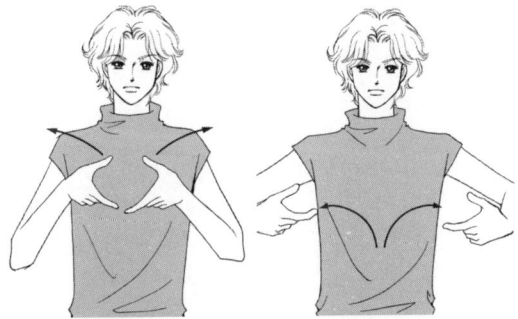

확실하다

양손 2지만 펴 눈 아래 댔다 떼면서 모았던 손끝을 활짝 펴서 세운다.

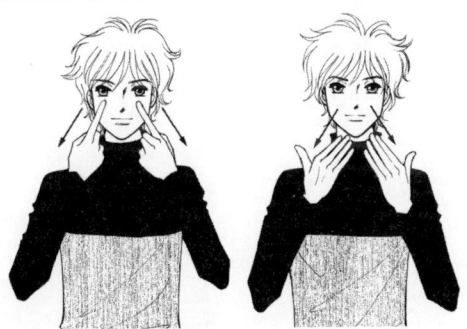

환경

왼손의 1지를 펴서 세운 둘레를 오른손을 펴서(손끝 아래쪽) 왼손을 감싸듯 돌린다.

환자

오른손을 펴서(손바닥 왼쪽) 이마 중앙에 댔다 떼는 동작을 폈다 한 후 1, 5지만 편 손의 손목을 좌우로 벌린다.

활동
주먹을 쥔 양손을 전후로 엇갈리게 힘 있는 동작으로 움직인다.

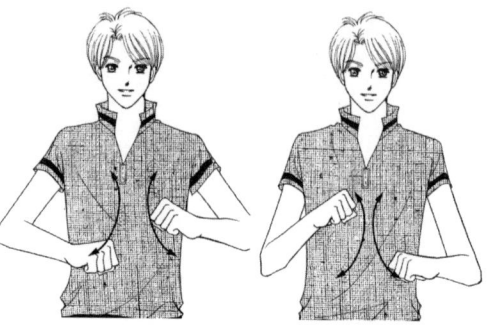

회개
2지를 오른쪽 옆구리에 댔다가 "발전" 모양으로 양손을 스쳐 올린다.(손바닥 몸쪽)

회복
2지를 편 양손을 눕혔다가 강하게 일으킨다.

회사
"ㅁ" 모양의 양손을 앞뒤로 번갈아 흔든다.(손바닥 마주보게)

회색
손등을 입에 대고 1. 2. 3지 끝을 붙였다 뗐다 한 다음, 오른 엄지 손끝을 턱 앞에 대고 구부린 손을 좌우로 움직인다.

회의
양손 1지만 펴서 마주 세우고 1지만 구부렸다 폈다 한다.

후
왼손(손바닥 몸쪽)을 세우고 오른 손등(손바닥 전방)을 왼 손등으로부터 앞으로 내민다.

후배
왼 손등(손바닥 위쪽) 밑에 오른 손등을 댔다가 오른손만 밑으로 내린다.

후손

양손 1지만 펴서 세워 상하로 위치 시켰다가 양손 아래로 돌리면서 내린다.

후회

왼 손바닥 위에 오른 손 끝을 댔다 뗐다 반복한다.

훌륭하다

1,5지를 편 오른손 1지를 코에 댔다가 앞으로 내밀며 놀린다.

훔치다

왼손 밑(손바닥 아래쪽)으로 오른손 2지를 구부려 내밀었다가 가슴쪽으로 당긴다.

흙
양손 끝으로 모래를 만지듯이 비빈다.

희생
오른손 2지로 목을 자르는 시늉을 한 후 편 양손(손바닥 위쪽)을 동시에 앞으로 내밀어 올린다.

흰색
2지로 치아를 가리키고 색깔 수화를 한다.

힘들다
오른손 1, 2지로 동그라미를 만들어 코 밑에서 펴면서 내린다.(손바닥 몸쪽)

e-메일

왼손으로 영어 지화 "E"를 하고 오른 손바닥을 통과시켜 내민다.(손바닥 아래쪽)

IMF

영어 지화 "F"를 이마에 댄다.(손바닥 왼쪽)

TV

영어 지화 "TV"를 그대로 쓴다.

X레이

몸+사진
해골+복사
뼈+사진

참고문헌

1. 수화교실, 한국농아복지회 편, 수험사, 1993.
2. 수화초보자를 위한 밀알수화, 홍유미 임순이, 한국밀알선교단출판부, 1994.
3. 사랑의 수화교실, 한국청각장애자복지회 편, 수험사, 1997.
4. 한국수화어원연구, 김칠관 저, 인천성동학교, 1997.
5. 수화의 이해와 실제, 이준우, 나남출판사, 2001.
6. 수화업그레이드, 박인선 송웅근 박성훈 김재상 공저, 이한출판사, 2000.
7. 표준수화사전, 표준수화사전편찬위원회 편, 금옥학술문화재단, 1982.
8. 고급수화, 이준우, 여수룬, 1999.
9. 열린수화, 한국농아어린이이웃사랑회 편, 도서출판 푸른귀, 1998.

귀동냥 (cafe.daum.net/deafinfor)

귀동냥이라는 단어에 대해서 오해가 많은 것 같습니다. 언젠가 귀동냥이라는 이름에 대한 설명의 글을 올린 적이 있는데도 많은 분들이 제게 묻습니다. "동냥"이라는 단어는 분명 좋지 않은 뜻인데 어떻게 카페 이름을 이렇게 지었느냐고요.

그러나 건청인이라면 누구라도 "귀동냥"이라는 이름에 이의를 제기하지 않을 것입니다. 귀동냥이라는 말만 들어도 무슨 뜻인지 어떤 의도로 이런 이름을 지었는지 쉽게 알아차릴 수 있으니까 그렇습니다. 바로 이런 점이 청각장애인에게 귀동냥이 필요하다는 것이지요.

귀동냥이라고 하면 청각장애인을 무시한다고 오해하기 쉽다는 것은 저도 압니다. "귀+동냥"의 형태가 되기 때문에 청각장애인을 구걸하는 사람으로 취급한다는 오해를 받을 수 있습니다. 그러나 "귀동냥"이라는 말은 전혀 그런 뜻이 아니라는 것을 누구나 알고 있습니다.

사전에도 보면,
귀 - 동냥[명사][하다형 타동사] 남들이 하는 말을 얻어들어서 앎.
(예) 귀동냥으로 배우다.

이렇게 기록되어 있습니다. 이것도 나쁜 뜻이라구요? 건청인들은 이 귀동냥만 있어도 일생을 살아가는데 큰 문제가 없는데도요? 청각장애인 여러분은 이런 귀중한 귀동냥을 하지 못하고 있는데도 억울하지도 않으십니까? 옛날부터 무학(학교에 다니지 않은 사람)임에도 부자가 되거나 훌륭한 사람이 된 경우를 잘 아실 것입니다. 에디슨도 초등학교에서 쫓겨났습니다. 현대그룹의 회장이었던 고 정주영씨도 초등학교 졸업자였습니다. 이런 사람들이 유명해지고 또한 부자가 될 수 있었던 원동력은 바로 "귀동냥"이었던 것입니다.

이제 여러분도 귀동냥을 해야 합니다. 다른 사람들이 살아가는 삶의 방식도 배우고, 직업의 현장에서도 다른 사람들의 성공하는 방법들을 배워야 합니다. 읽기 싫어하는 청각장애인의 특성을 여러분 스스로 바꾸어서 신문도 읽고, 책도 읽고, 인터넷에도 매달리고… 물론 귀가 아닌 눈을 통해서지만 여러분은 분명 귀동냥을 할 수 있습니다.

어쩌면 이 세상에 사는 사람들 가운데 복음을 알고 태어난 사람은 없습니다. 복음을 듣는 일조차도 귀동냥을 통해서 얻어지는 것이지요. 귀동냥 카페에는 수화설교 동영상을 계속해서 올려놓고 있습니다. 복음을 수화로 볼 수 있는 귀동냥이 가능한 셈입니다.

(로마서 10:17) "그러므로 믿음은 들음에서 나며 들음은 그리스도의 말씀으로 말미암았느니라"

여러분 힘내십시오. 청각장애인을 돕는 카페 귀동냥이 여러분과 함께하겠습니다.

수화로하는 첫 설교

1999년 11월 셋째주로 기억한다. 하나님께서 허락하신 귀한 사역지 평안교회 에바다부에 첫 부임하는 날, 아침부터 마음이 설레었다. 말씀은 누가복음 19장을 본문으로 "삭개오를 부르시는 예수님"을 준비했다. 수화통역은 몇 차례 해 본 경험이 있었지만 청각장애인들 앞에서 수화로 설교를 한다는 것은 역시 쉽지 않은 일이었다. 수화를 조금씩 배운 건 오래됐지만 정식으로 기초반을 배운 것은 1994년 9월부터였으니 불과 5년 만에 수화로 설교를 하게 된 것이었다.

입모양을 보고 의사소통을 할 수 있는 구화인들이 많은 교회여서 음성과 수화를 함께 해달라는 부탁을 받고 더욱 부담이 생겼다. 첫설교를 수화로 잘 마치고 나서 모두들 밝은 얼굴로 악수를 청해와서 너무나 기분이 좋았다. 교사들도 예배를 마치고 나서 말씀을 잘 들었노라고, 은혜스러웠다고 칭찬해 주셔서 몸 둘 바를 몰랐다.

그러나 잠시 후 어느 청각장애인이 내게 와서 내 이름을 기억하고 있다고 말했다.

나는 이름을 기억해줘서 고맙다고 했고 이내 그 청각장애인은 내 이름을 지화로 쓰기시작했다.

"ㅅㅏㄱ ㄱㅐ ㅇㅗ 맞죠?"

순간, 눈 앞이 깜깜했다. 내 이름이 모상근 목사 아니라 삭개오목사라고 알고 있는 것이다. 설교시간에 키가 작은 사람의 이름이 삭개오라고 지화로 쓴 것을 설교를 하는 내 이름으로 알아들어 버린 것이었다.

은혜스러웠다는 것은 청력이 좋은 건청인들만의 얘기였던 것이다. 청각장애인들은 내 설교의 내용을 제대로 파악하지도 못하고 있다는 것을 뒤늦게 알았다. 수화로 설교준비하는 일에 얼마나 신경을 써야 하는지 깨닫게 된 것이다. 다시 말하면 나는 수화는 잘 하고 있었는지 모르지만 청각장애인들의 삶은 아직 잘 모르고 있었다는 것이다.

설교자로서의 재능이 청각장애인들 앞에서는 그리 크게 작용하지 않는다는 것도 알게 되었다. 청각장애인의 삶을 이해하고 그 삶 속에서 고민하는 문제가 무엇인지 깨달아 알아가는 것이 말씀 사역의 기초가 된다는 사실도 알게 되었다.

어찌 보면 중고등부 사역이나 청년 사역도 마찬가지 원리가 적용되어야 한다는 것을 누구나 알고 있다. 그러나 청각징애인들을 연령으로만 파악해서 일반인에게 하는 설교와 똑같이 해서는 안 되는 것처럼 수화설교에 대한 생각을 충격적으로 깨닫는 시간이었다.

그래서 청각장애인을 위한 설교를 어떻게 하면 쉽고 재미있게 전달하느냐 하는 것을 고민하고 신경쓴다. 아무리 주옥같은 말씀을 전한다 할지라도 청각장애인들이 알아들을 수 없다면 마이동풍(馬耳東風)이 될 수밖에 없다. 일반인들과는 다르게 청각장애인들은 지루하면 곧 잠이 든다. 잠이 들면 아무리 좋은 말씀도 볼 수 없는 상태에 빠져 버리게 되는 것이다.